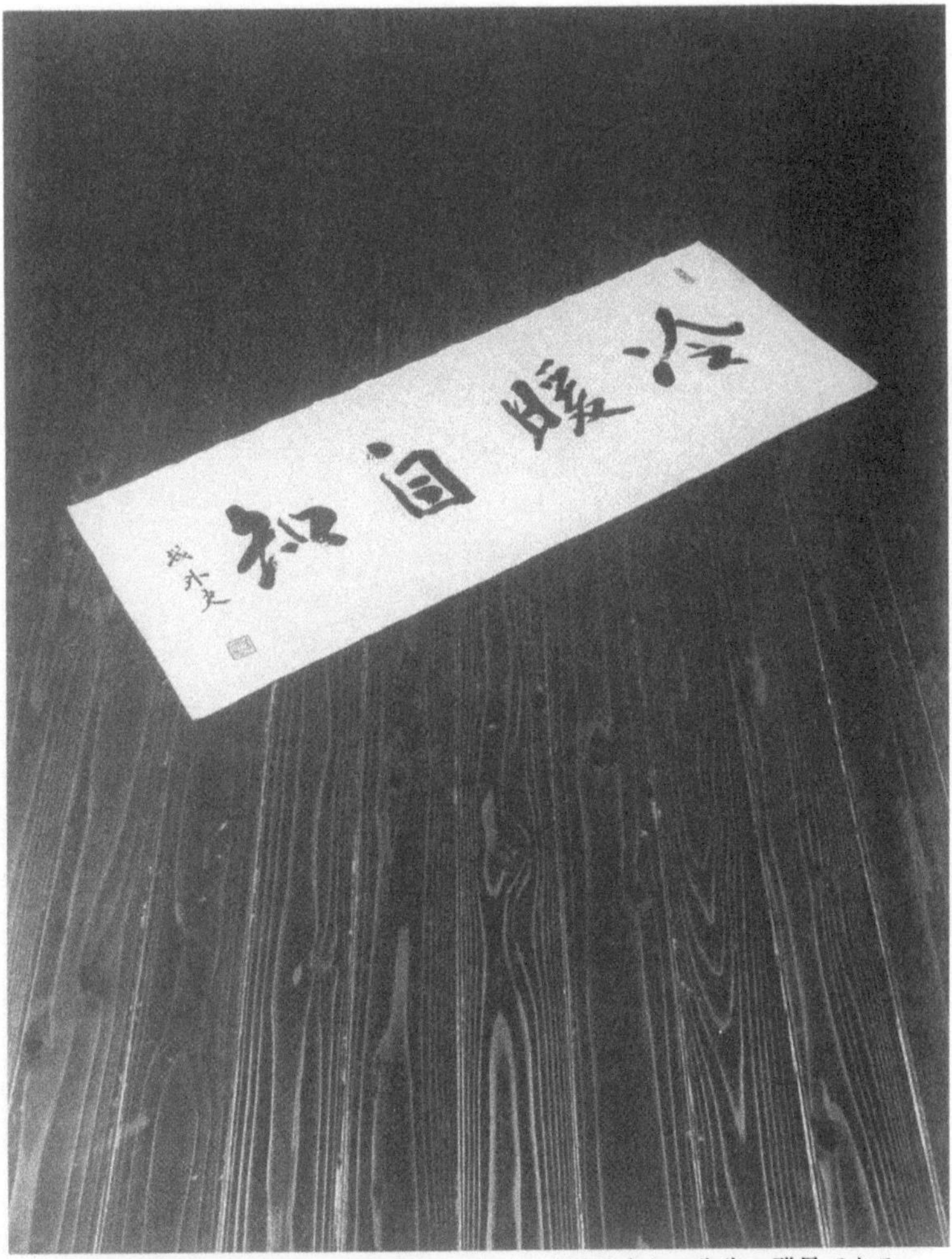

小森園正雄先生揮毫の「冷暖自知」。なお、「城外史」は先生の雅号である

ありし日の小森園正雄先生（柳生の中堅指導者講習会にて）

グラスを手に（明治村剣道大会　歓迎レセプションにて）

昭和62年5月、第35回京都大会にて森島健男範士と立会う

平成４年　第16回明治村剣道大会にて

剣道は面一本！

小森園正雄剣道口述録

大矢 稔——編著

体育とスポーツ出版社

目次

第二章　術理

第四章　技の基本

応じていく技

第二編　日本剣道形

第一章　日本剣道形の考察

第二章　解説

題字＝小森園正雄
カバーデザイン＝浅田　博
口絵写真＝徳江正之

第一編　剣道の理論的考察

第一章　剣道の大意

一、剣道の捉え方

(一)剣道の教育的側面

剣道は真剣勝負を処する闘争手段であった剣術から、時代の流れと社会状況の変化などを経て、心身を修錬することにより「人間を錬磨する道」として昇華された、日本の伝統的な運動文化である。また、教育という面に着目して考えた場合には、学校教育の一環としてその意義が認められていることからも、教育的な作用の一部を負っている。

近年の学校教育は、教師が教材を媒介にして生徒の資質を向上させるというのが一般的な考え方であるが(育てる側面)、剣道の教育的な作用は必ずしもこのような考え方に集約されるものではない。すなわち、教材が無い場合でも直接的に教師の影響が生徒に及ぶ場合があり、教材には関係の無い教師の姿勢・態度・気風・考え方などが生徒に影響する(教える側面)。

剣道にあっては、教師の生きざまそのものが教材であると捉えることができる。すなわち、教育とは「人が人を作る」ことであり、「人は人によって作られる」ものであると考えられる。いわゆる価値観の付与であったり、教師による人格の感化である。

教材そのものの立場にある剣道の師匠は、道元の「師弟同行《していどうぎょう》」という教えの通り、弟子と同じく道を求めていく一人の修行者でもある。また、師匠と弟子は共に道を求めて修行する立場にある。このような考え方によって師匠と弟子の関係が築かれ、師匠の人格的な影響によって弟子の人間形成が期待されてくるのである。そこには師匠の厳しい人格的内容が要求される。剣道の教育とは、師匠が弟子の中に入りこんでドロドロになって教え育て、「道を伝える」ことである。こうした教育の本道に添った剣道の指導が望まれるところである。

(二)求める道の方向と内容

現象形態を見れば、剣道とは「防具を着けて竹刀を持った者同士が、相手の隙を見て有効打突を競い合う」ということになる。しかし、この範囲だけで剣道を捉えてしまっては、剣道本来の伝統文化としての意義は薄れてしまい、競技性を主にした竹刀操作の巧みさや優劣を競い合う、単なる運動競技になってしまう危険性がある。修錬の成果は結果として試合での勝利や段位などにも表わされるが、心身を修錬することにより「人間を錬磨する道」という考え方に、剣道本来の伝統文化としての意義を見出さねばならない。

『猫の妙術』に次のような一節がある。

『夫《それ》剣術は、専《もっぱら》人に勝事を務るにあらず。大変に臨みて、生死《しょうじ》を明らかにする術也。士たるもの、常に此の心を養ひ、其の術を修せずんばあるべからず。』

すなわち、勝つことを主たるねらいにするものではなく、究極的には大事な場面に臨んで、自分がどう判断して、どのように行動すべきであるか、という自分自身の出処進退の姿勢や態度を修得するものである、としている。

自分自身の姿勢や態度を修得する過程にあって手段となるのが技である。技は剣道の外形であって、道を求めていくための手段である。技のみならず剣道を求めていく上で考えなければならない課題は多くある。例えば、自分と対敵関係にある相手に対する礼や、自分自身に向けられる礼。スポーツには見られない構えの考え方とその内容。心気のやりとりや在り方、太刀筋、正しい刃筋、残心、さらには、修錬の姿勢や態度等々。

このように、剣道を求めていくにあたっては多くの課題がある。剣道は技のやりとりの中で、単に巧みさや優劣を競い合うだけではなく、そこには正しさや心気の在り方までをも含めた内容が求められているのである。

(三)試合の位置付け

近年、青少年のみならず各分野において試合が数多く行なわれている。剣道を修錬する過程で試合に臨むということは、今までの修錬の実績を点検し、将来の方向を見出すことである。試合は剣道を求めていく一つの場であり、手段であると捉えることができよう。すなわち、剣道にあっては心身の修錬が主であって試合は従である。また、試合の形式や態様、歴史的な経緯などからしても、試合の考え方の根源は外来スポーツ(スポーツの語源 娯楽・慰安・余暇活動)の考え方によるところが大きい。したがって、剣道は試合における勝利を目的として、ただこれのみを追求するものではなく、あくまでも心身を修錬することがねらいである。試合に必要なテクニックや変化の仕方などを身に付けただけでは、単なる熟練工の域で止まってしまう。

(四)道を伝える

「剣道は日本の伝統的な運動文化である」という視点で考えると、剣道の実践者は日本の伝統的な運動文化の継承者であり、剣道を将来に伝えていく伝達者の立場でもある。『人に古今あれど道に古今なし』という教えの通り、剣道そのものの考え方や内容に変わりは無いが、これを「受け継ぎ」→「伝えていく」という活動の主体は人である。人が変わることによって剣道の考え方や内容に変化があってはならない。剣道の道は一つである。剣道の実践者は自分が受け継いだ道を学び、正しく道を伝えていくという、剣道に対して責任のあることを忘れてはならない。『己れを伝えずして道を伝える』ことである。

二、剣道の学び方

(一)正師に就く

剣道では古くから、三年早く剣道を始めるよりも、三年かかって正師を探し求めるといわれる。道元も『正師を得ずんば学ばざるに如かず』と教えている。剣道を学ぶ出発点となるのは「正師に就く」ということである。正師に就かない剣道は、自己流で勝手気ままな方向に行ってしまう。正師に就くということは、正師という人に就くことを手立てとして、正師から「理」を学ぶことである。すなわち、「理に就く」ことであり、結論的には「理を師とする」ことに他ならない。

師匠の教えは「技法を修得する道筋」であり、師匠が表現した形は簡単であっても、その中には深い真理が含まれているのである。師匠の遣う技の中には自ずと「理」が存在していることを忘れてはならない。弘法大師は『古人の跡を求めずして求めたるところを求めよ』と教えている。弟子は師匠の形跡を真似るのではない。弟子は師匠がどの道に何を求め、どのような求め方をして歩いて来たのかを求めなければならない。師匠が遣う技は、師匠が修錬を積み重ねて出した師匠自身の答えである。弟子は弟子自身で答えを出すために、師匠が歩んで来た道と同じ道を歩まなければならない。これが剣道の学び方の本筋である。師匠が教えるのは「技法を修得する道筋」である。答えを出すのは自分自身である。

(二)道を求める態度

剣道は自分自身を学ぶことでもある。具体的な態度としては、師匠から自分の問題点を指摘してもらい課題を与えてもらうことである。与えられた課題を「素直に聞く」「努力する」ことは当然のことである。この場合、弟子は師匠から課題を与えられることを待つのではなく、自分から聞く場を作るように努力しなければならない。『学ぶとは誠実さを胸に刻み込むことである』という。稽古だけを済ませて直ぐに帰ってしまい、自分の調子の悪い時や問題のある時だけ聞きに来る傾向が見られるが、これは剣道を学ぶ態度としては不十分である。常日頃より自分の方から教えを受ける態度と、教えてもらう機会を作るように努めることが大切である。

師匠というのは手取り足取りあれこれと教えないものである。師匠は弟子に対して考え方や姿勢・態度によって感化し教える。弟子は師匠から教えてもらえるほどの修行態度、すなわち、「懸命に修行しているので教えてあげよう！」と師匠が思うくらいの修行態度が必要である。

三、修錬のねらいと在り方

(一)理法を修錬する

昭和五十年に全日本剣道連盟は、『剣道は剣の理法の修錬による人間形成の道である』という「剣道の理念」を著した。剣道の修錬のねらいとその内容は「剣の理法を修錬する」ことにある。そして、剣の理法を修錬する過程における様々な作用が、人間を形成する道へとつながるのである。理法とは原理・法則・客観性・普遍性があるものであって、剣道では心法・身法・刀法と考えられる。これを実際的に考えるならば、「対敵関係の複雑な状況（心気と術のやりとり）」にある中で、「自己の心身」と「太刀」との一体的な遣い方によって有効打突を実現することにあると考えられよう。

理法を修錬する自分の実践態度は、理法の中に自分を没入させることから始まる。これが原点である。自分の「我意」が先行した時には、理や法ではなく勝手気ままな棒振りになってしまう。

剣道の技術的な課題は究極的には太刀の遣い方である。太刀の正しい遣い方によってこそ、太刀は正しい道筋を通ることができ、これによって正しい刃筋が期待される。『太刀筋の乱れた稽古は見苦しい』。太刀筋の乱れた稽古は、理や法ではない自分の「我意」からくる勝手気ままな棒振りである。理法を規範とし、自分がこれに同化するように、修錬する自分の「我意」を抑制しながら、常に内省的に取り組んでいくことが大切である。道ということについて、『葉隠』の中で『念々知非』『知非便捨』（便→わがまま・傲慢）と教えている。

(二)修錬の段階と道程

剣道を修錬する場合には、まず教えられたことに対して素直に聞く耳を持つことが大切である。ここが修錬の出発点になる。学ぶ者が聞く耳を持たなければ、どんなによい教えであってもその教えは無意味になってしまう。そして、教えられた内容を理解しなければならない。次に、教えられた内容を実践しながら考え、工夫し、心身を働かせながら、理解を深めつつ体得の度合いを進めていく。さらに、稽古の数をかけて自分のものにしていく。

このような修錬の段階を柳生新陰流では、「三磨之位（習→正師に就いて理法を聞く、工→思念・工夫する、稽→稽古をする・数をかける）」として教えている。これを仏道の修行段階に当てはめるならば「聞・思・修」と考えられる。また、同じ仏道を修行する者が必ず修めなければならない三つの最も基本的な修行部類「三学」として、「戒《かい》・定《じょう》・慧《え》」の教えがある。「戒」とは自ら規範に従い、自己の心身に拘束を加え欲望を制御することである。「定」とは寂静の中にあって精神統一を行ない、雑念を払うことである。「慧」とは煩悩を断って事物一切の真実の姿を見極めることである。

さらに、一刀流の修行の段階として「守・破・離」という教えがあるが、これも同じような意味であり、道を極めるための修錬の段階を教えている。「戒」や「守」の段階で厳しく修錬することが、将来の剣道を方向づける基盤になってくる。

(三) 基本の位置付け

結論から言えば、剣道の修錬は基本を繰り返し、それを積み重ねるということである。ここで言う基本とは「基本動作」としての基本に止まらず、技の遣い方における「対人技能としての基本」をも含むものである。剣道にあっては、ある一定の期間に基本を修錬して、この基本を修錬する期間が終了すれば、次は応用の段階だということは考えられない。剣道における基本の修錬に卒業はない。剣道の基本は技法のエキスであって、かつ、それは剣道の技術的な到達目標でもある。

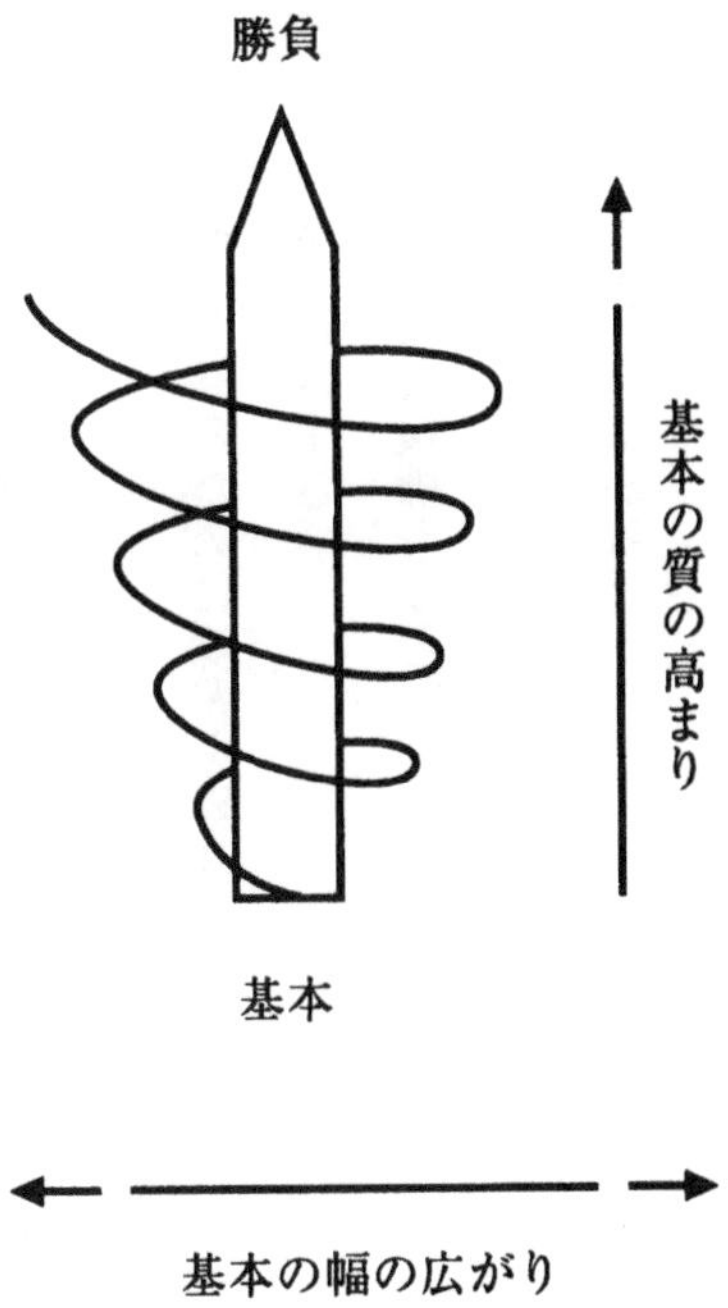

基本というものを特別な扱いや位置付けをするのではなく、基本を修錬することによって、螺旋《らせん》状に基本の幅が広がり質的に高まっていく。これによって対敵関係の複雑な状況を打開するための対人技能が内実化していくのである。こうして基本を繰り返し、積み重ねていった延長線上に勝負があると考えるべきであろう。

四、稽古の在り方

(一)稽古の語義

日本の芸道では、一般的に練習することを「稽古」という。稽古とは「古《いにしえ》を稽《かんが》える」という解釈で、古いことを学ぶ、古いことに習い達するという意味があり、先人の教えについて工夫・研究するということである。また、錬磨・鍛錬・修錬・修行という概念もあり、これらをまとめると次のようになる。

①技能などを向上させるために練習を繰り返す。
②心身を働かせて鍛錬する。
③規則正しい厳格な反復練習などで心身を訓練する。
④身体をならし鍛える。
⑤進歩・向上・改善をはかる。
⑥学術・技芸を修める。
⑦品性を修養する。

すなわち、剣道の稽古とは先人の教えを学び、心身の発達や技能の向上を目的とする実践的な行為や、人間的な修養といった意味がある。

(二)稽古内容の方向

自分の剣道の到達目標を持つことが稽古内容の基盤になってくる。自分の剣道をどのような内容や姿に築き上げるかという到達目標を決め、これを中核にしながら気剣体一致の有効打突の修得や、部分的な修正を加えていくことである。修正した部分を集合させてできた結果的な集合体としての剣道では、積み木や寄木細工になってしまう。大木を削り磨いていくことが手順として妥当である。

また、自分の持ち備えている能力だけに頼って稽古をしたとしても、剣道に幅と深みが出てこない。そればかりか大きな壁に行き当たってしまう。その人の生まれながらの持ち味というものは一生離れないものであり、未熟さや非力さを補強したり修正するところにも稽古の意義がある。

さらに、自分の強い部分で相手の弱い部分を打つことができたとしても、それは当然のことである。このような考え方は後まわしにして、常に相手の強い部分を求め、これをいかにしたら崩すことができるか、打つことができるか、ということを研究や工夫することが大切である。

(三)「稽古をお願いする」意義

剣道では「稽古をお願いする」という。自分より上手《うわて》の人に稽古をお願いする際に、十分注意しなければならないことがある。それは、自分よりも上手の人を打った結果をもってして、自分の技能向上のバロメーターとしては進歩が遅れてしまうということである。「打った打たれた」ということは結果として分かりやすいし、ややもすると分かりやすい目の前のことを求めがちである。しかし、ここに「稽古をお願いする」意義の盲点がある。

自分の内容を上手の人と同じ理合まで引き上げて稽古をした時には、実際に上手の人をなかなか打てるものではない。なぜならば、自分の内容を上手の人と同じ理合まで引き上げて稽古をした時には、そこに一時的に背伸びをした未熟さやギャップがある。上手の人の理合には一日の長があり、上手の人からは、この理合の未熟さやギャップを打たれるのである。自分が持っている内容だけで仮に上手の人を打つことができたとしても、それは理合の次元が違うところで、たまたま打つことができたと受けとめるのが妥当であろう。上手の人の理合まで自分の内容を引き上げて稽古をすることによって、上手の人の理合に近づくのである。さらに、上手の人に打たれることによって、上手の人の理合を知ることができるのである。ここに、上手の人の理合まで引き上げてもらう、「稽古をお願いする」という意義がある。

上手の人に打たれて上手の人の理合を知る

上手の人に「一日の長」があるので打たれる

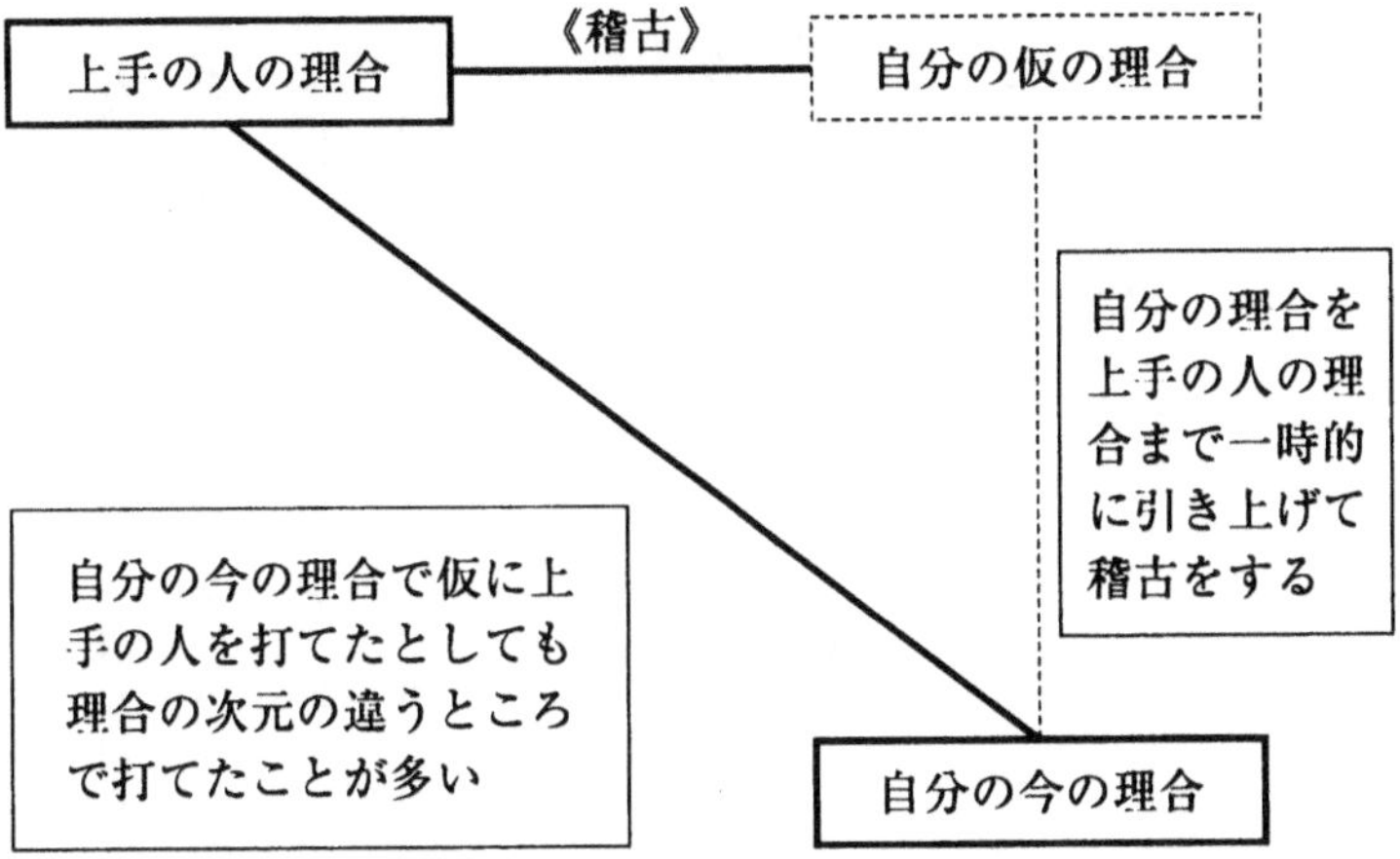

(四)泣きの入った稽古

ねらいの無いまま、ただ漠然と稽古をやっても効果はあがらない。「今日の稽古は○○○を工夫してみよう」「○○○に気をつけてやってみよう」という、ねらいを持って稽古に取り組むことが大切である。そして、稽古で何をつかもうとしているのか、どのような新しい内容に試みようとしているのか、どこを修正しようとしているのか、というような時は、いわゆる稽古を変えている時である。このような意識を持って稽古をした時には歩合が悪くなってしまう。歩合が悪くなると「打たれまい」とか「打ってやろう」という意識が起こって、当初のねらいに対する意志が揺らいでしまうことがある。現実的なことを肌で感じ、自分の意志が揺らいで、ねらいが見失われがちになる。自分のめざす剣道の方向を崩さない修錬の中で、打たれてもねらいと意志を崩さずに、信念として貫き通すことが大切である。

ここが稽古の辛さ苦しさであり、「泣きの入った稽古」といわれるところである。諺に『泣くは修行　笑うは悟り　怒りは愚か』とある。

(五)稽古における意識の持ち方

稽古では「当ててやろう」とか「こうして打ってやろう」などという意識を持ったり、策を弄するような稽古であっては意味が無い。隙に乗じて技をかけようとしても、そこには狙う意識があり、これでは剣道の内容に偏りができてしまう。また、気と体を遊ばせた稽古ではなく、「気いっぱい」「体いっぱい」に技を遣うことが大切である。気が生きていれば体は生きてくる。気と体が生きているので、「錬りの成果によるひらめき」によって、瞬間々々の場の状況から技が発現されるのである。

(六)稽古後の反省

稽古後の反省を、「打った打たれた」という話題で終わったのでは反省の材料に乏しい。打たれた結果や内容は自分自身が一番よく知っているものである。打たれた内容が解らなければ、これを理解するところから話題を展開しなければならないが……。

何故あの場面で打たれたのか、どうして打つことができたのか、その時の状況はどうであったのかという、結果に対する過程や、状況の点検と考察が大切であり、これが次の稽古の課題にもなってくる。

五、「気」について

剣道は心身の修錬をねらいとするものであるが、これを発展させて考えれば、究極的には「気を錬る」という考えになる。気が錬れてくることによって人間としての納まりができてくるのである。

(一)「気」の語義

「気」という言葉を我々はよく使う。その範囲は宇宙の自然現象や心身の状況や対人関係など幅広いものがある。しかし、気というものの実体はない。その意味としてはおおむね次のようになる。

①万物が生ずる根源。
②生命の原動力となる勢い。精気。気勢。
③心の働きや状態などを包括的に表わす語。この語が用いられる個々の文脈において、心のどの面に置くかは様々である。
④はっきり見えなくとも、その場を包み、その場に漂うと感じられるもの。呼吸、息づかい。

また、『日本武道辞典』によると、『気とは形象のない無機物をいうが、あらゆる状態の説明に用いられる。武道でいう気とは、時間空間に用いるが、だいたい心の状態を気の表現で用いている。心や気はまとまった形象ではないが、態度に表現されるので機をうかがうという言葉があり、雰囲気に表れるのが気配である。心得ある武士は相手と接してただちに相手の気配を察した。殺意があるなどというのは、相手の殺意がなんとなく伝わるのであって、この殺意が気であるといわれている』

　このようなことからすれば、気というものは測り知れないほどの意味をもっていると考えられる。「気とは心の状態や動きを包括的に表わす、形象の無い生命活動の根源となる勢い」とでも表現できよう。

(二)『孟子』(『四書』の一つで、仁義・王道を強調している)

『夫志、気之帥也。気、体之充也』《志は気の帥なり。気は体の充なり》という一節がある。志というものは気を左右するほどのものであり、気は人間の肉体を支配するほどのものである、したがって、志がしっかりしていれば、気はそれに従ってくるものである、としている。

　また、「浩然の気」ということについて、『我善養二吾浩然之気一。敢問、何謂二浩然之気一。曰難レ言也。其為レ気也、至大至剛、以レ直養而無レ害、則塞二乎天地之間一。其為レ気也、配二義與一レ道……』《我れ善く吾が浩然の気を養う。敢えて問う、何をか浩然の気と謂うや。曰く言い難し。其の気為るや至大至剛、直を以て養うて害するなければ、則ち天地の間に塞つ。其の気為るや、義と道とに配し……》とある。

「浩然の気」ということを言葉で表現することは難しいが、この上もなく大きく、この上もなく強く、しかも正しいものであり、立派に育てていけば天地の間に充満するほどにもなり、正義と人道に添って存在するものである、としている。

剣道の修錬に関連して考えるならば、技と心の修行を正しく真剣に行なうことにより、その義を積んでいるという自信から生まれる気で、これは揺らぐことの無いものであると考えられる。この気は物事に対しても動ぜず、心清らかにしてかつ強いものであるといえよう。

(三)心・気・技

心というものは本来、内に向かって閉ざされているが、気は外に向かって一種の目に見えない触手のように働いていると考えられている。気は心の周囲から出ている目に見えない触手、あるいは波長のようなものであることから、心は気によって外部と接触していることになる。したがって、心は人間の内面にある意識や思慮分別・判断力のようなものであると考えられる。そして、この思慮分別・判断が基盤となり、気の働きによって技が発現される。すなわち、気は心と技の中間に在って、心で判断した内容を技として発現する「意志の決行力」と考えられる。心の思慮分別・判断によって気が技を引き出し、気が体を動かすのである。技をくり返して修錬することによって気を錬り、気が錬れて充実してくると心がおさまってくるとされている。

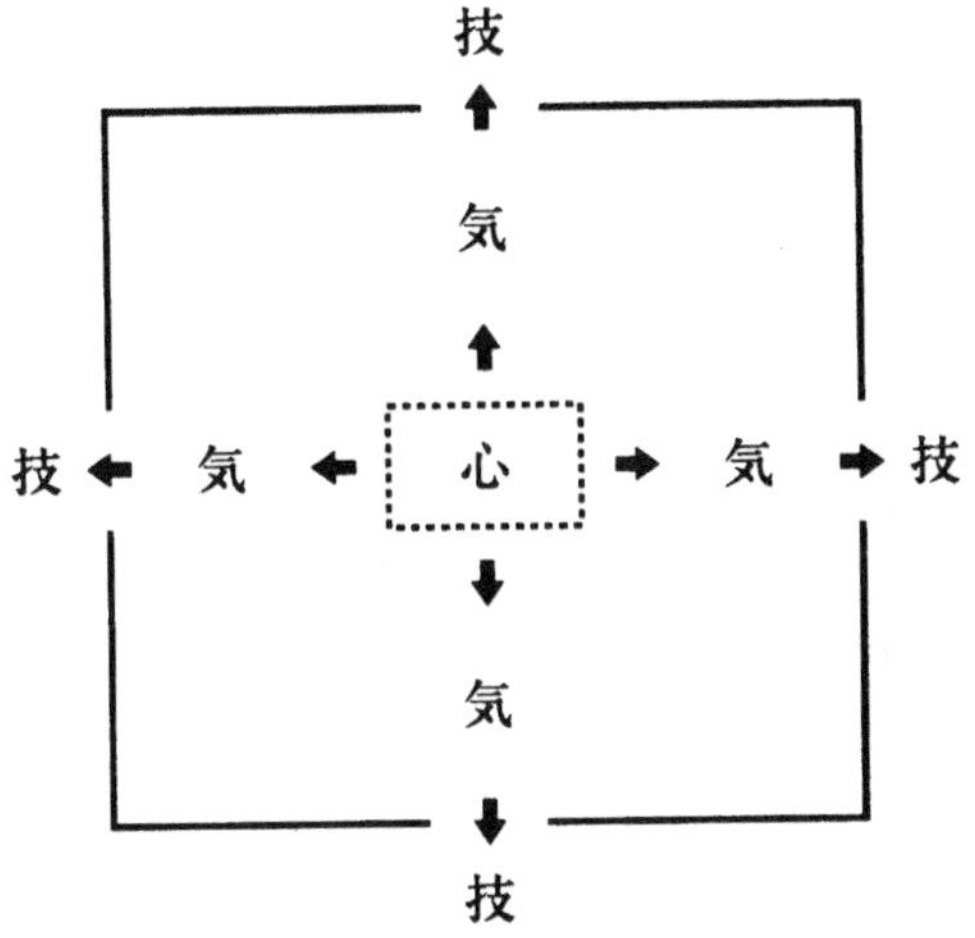

また、田中秀雄氏は『武道の心理』の中で次のように述べている。

『気は心及び力(技)の基調をなし、これらを促進する原動力である。気は感情にあらず、意志にあらず、感情・意志以前のもの。感情・意志によって生ずるところの精神力とか、生命力とか称すべきものである』

さらに、気の錬成前期においては「張る気」、錬成後期においては「澄む気」、完成期には「冴ゆる気」としている。

(四)「気」と「機」

柳生新陰流『兵法家伝書』の中で、「気」と「機」を吟味している。

『機とは、即ち気也。座によって機と云也。心はおくなり。気は口なり。枢機《すうき》とて、戸のくるゝ也。心は一身の主人なれば、おくの座に居る者と心得べし。気は戸口に居て、心を主人として外へはたらく也。心の善悪にわかるは、この機から外へ出て、善に行も悪に行も、此機によりて分るゝ也。戸口にきつとひかへ、たもちたる気を機と申也。人枢《くるる》をあけ出て、外にて悪をするも善をするも、神変神通をはたらくも、此戸口のくるゝをあけざる時の思案による也。されば此機が大事の物也。此機がはたらけば、外へ出て大用があらはるゝ也。何れも気と心得ては、ちがはぬ也』とある。

また、『機前と云ふは、何としたる事ぞなれば、敵の機の前と云ふ心也。機と云ふは、胸にひかへたもちたる気也。機とは、気也。敵の気をよく見て、其気の前にて、あふ様にはたらくを機前と云也。……略……内にかくしてあらはさぬ気を機と云也』とある。

気を即ち機と捉え、その用によって気と機とを使い分けしているが、心があり、気があって、そのぎりぎりの今まさに発せられようとするところの気が機である、としている。

また、相手の一念が未だ動かない前に機先を制し、相手の気勢を挫き、自分を有利に導くことを『機前の兵法』としている。

剣道では機を捕《と》えることが勝負の分かれ目になってくるが、機とは勢いの変わり目、分け目の兆す端であり、時間と空間の変わる急所のツボである。「気が錬れている」ことを「肚が錬れている」ともいうが、気の錬れている人は機を捕えることが上手であるとされている。

(五)稽古における「気」の在り方

稽古のねらいを技の仕方や技の手法にのみ絞ったのでは、剣道が単なる運動競技になってしまうことになりかねない。「技の修錬を手立てとして気を錬る」という考え方があることによって、剣道としての意義が生まれてくる。

稽古において気の無い技、気の無い稽古、気の無い剣道であってはならない。気の無い稽古は相手を無視したり侮辱したりすることになりかねない。稽古では相手と気を合わせる、「合気になる」ことが大切である。剣道の良さというものは、自分の気が四つ割りの竹(刀)の中を通って、相手の身体の内まで貫いて響くということである。

合気になるということは、お互いが「正々堂々と立ち合う」ところから始まる。こうした正気が真正面からぶつかり合い、そして、正気のぶつかり合いから、相手の「気の隙間」や「気の崩れ」を求めて技を発現することが稽古の本道である。ここが剣道になるかならないかのところでもある。したがって、気の無いところから出た技は技ではなく、技は気から発動されるものでなければ本物の技ではない。正面玄関から正々堂々とした気によって挨拶をし、この後に奥座敷に入って行くことが稽古の本道である。裏口や勝手口から家の中に入ったり、挨拶もしないでいきなり奥座敷に入ることなどは、「正道」に対する「奇道」である。勝負にあっては正を以て相手を制することが本道であり、相手の「正道」に対して、勝つための「奇道」だけを身につけたのでは、剣道の良さは無くなってしまう。

六、技

(一)技の考え方

剣道は技のやりとりなくしては成立しないが、技のやりとりによる勝ち負けの結果が剣道のすべてでもない。技のやりとりを手段として心身を修錬することが剣道である。言い換えれば、技のやりとりはあくまでも剣道の手段である。

「しかけていく技」「応じていく技」の「技」とは、単なる竹刀操作の手法や仕方という意味だけではない。竹刀操作の手法や仕方はテクニックや技巧であり、これだけを身につけたのでは単なる熟練工の域に停まってしまう。技を磨くということは、竹刀操作の手法や仕方などを上達させるということだけではない。対敵関係にある中での心の在り方、気のやりとり、攻め合い、間合の調整、機会の捕え方と技の選択等々、一連の打突にかかわる自分自身の備えや、対敵関係での諸要素をも含めたまとまりのある内容を技として追求していくことが大切である。

修行を積んだ大工の鉋屑《かんなくず》は藁半紙一枚よりも薄いが(四分の一ミリメートル)、これは、材木を削る時の削り方だけによるものではない。現象的には鉋を引くことは単純な動作であるが、藁半紙一枚よりも薄い鉋屑が出てくるためには、刃を磨ぐ時の刃の角度や力の入れ具合、鉋台からの刃の出具合や刃の傾き、材木を削る時の腰の据え方や呼吸、鉋の角度と力の入れ具合等々、様々な過程と各々の局面において厳密な仕事が要求される。そして、こうした仕事が総合的な成果となって、職人技としての柱一本が見事にできあがる。

剣道の技についても同様で、現象的には単純な竹刀一振りの打ちであっても、その中には多種多様な働きがある。間合を調整しながら、どのように攻め、どのような機会を捕えて打つかという、お互いのやりとりの流れや、まとまりのある動き全体をも含めて一つの「技」として捉えることができよう。

(二)技の考察

剣道の解説書では、技を「しかけ技」と「応じ技」の二つの系統に分類している。しかけ技は自分からしかけていく技であり、応じ技は相手のしかけ技に対して応じる技である。さらに、しかけ技と応じ技の中には、いくつかの技が細かく分類されている。こうした技の考え方は、技に関する一つの捉え方である。この捉え方は、どちらが先にしかけて、どちらが後で応じたかという、相対関係の結果を先《さき》と後《あと》に分類したにすぎない。また、「払い技」「すり上げ技」「返し技」などの「技」とは、相対関係における体さばきや竹刀さばきに主眼を置いた、「払う」「すり上げる」「返す」という技の手法や仕方である。これは学校体育における指導を考える上で整理・体系化されたものである。「しかけ技」も「応じ技」も実質的には「しかけていく技」「応じていく技」である。応じ技は待つ気持ちで技を遣ってはいけないとされている。技を遣う時は気はあくまでも「先」である。「後」の考え方による技の遣い方としては、「打ち落とし技」が考えられる程度である。気で先《せん》をとって攻めているなかで、相手の構えが変化すればそのまま打ち込んでいく。気で先《せん》をとって攻めているなかで、相手が先《さき》にしかけて来たとしても、自分は気で先《せん》をとって攻めている流れから、途中で「相手のしかけてくる技に対して応じながら変化するなかで技を遣う」ことになる。

したがって、対敵関係にあっては気はあくまでも先《せん》であり、お互いのやりとりから、相手のしかけてくる技に対して「応じながら変化するなかで出す技」が「応じていく技」である。

例えば、自分から先《さき》にしかけて、相手の竹刀を裏から払って小手を打って出る初動の局面で、相手が自分の小手を打って来たら、結果としては相手の竹刀を裏からすり上げた形になり、応じ技に分類されるにすぎない。このようなことを踏まえて考えると、応じ技は、待つ気持ちで技を遣ってはいけないという教えが生きてくる。したがって、「しかけ」と「応じ」に分類することは間違いではないが、現象的な結果だけではなく、内面的な心気の働きも視野に入れながら技を考える必要がある。気で先《せん》をとって攻めているなかで、相手の変化や相手の出様によって、瞬間々々の「錬りの成果によるひらめき」から技が発動されるのである。

（註）関連して「第二章　術理　八、技」の項を参照されたい。

㈢技の遣い方

①「色」

剣道における色とは、気配や兆し、こころざしの変わり目であって、機会に通じる内容である。相手の「色に就き色に随う」ことになれば打突の機会となる。しかし、相手の色につられたり相手の色に迷ったりしては、相手の本意を見誤って不覚をとってしまうことになりかねない。また、自分の色は、自分が技を出す気配や兆し、こころざしの変わり目であり、自分の方から変化する「虚」になるところであって、逆に相手から打たれることになりかねない。

色は仮の影である。色を使って出す技は本物の技ではない。

②「衒《てら》い」「外連味《けれんみ》」

剣道は剣の理法を修錬することによって「人間を錬磨する道」である。剣道は個の完成を目指す道であることからしても、修錬するにあっては、「衒い」や「外連味」があってはならない。「衒い」とはひけらかして自慢する気持ち、という意味である。「外連」とは正法を破り、俗受けをねらいとした行動で、転じてごまかす、という意味である。個の完成を目指す道の修錬にあって、ひけらかしたり、自慢することは一切必要としない。また、正法を破り、俗受けをねらい、ごまかすなどということがあっては、人間形成の道とは程遠いものになってしまう。「衒い」や「外連味」の無い技を遣うことに専念することが修錬のねらいでもある。

(四)技の修得

技を修得する場合、多くの技を一つ一つ輪切りにして、これを個別に取り上げて修錬したとしても、それは個人技能レベルにおける体さばきのトレーニングや、竹刀操作のトレーニングにはなるが、対敵関係に即応した修錬にはなかなか結びつきにくい。さらに対敵関係にある対人的な要素、例えば、攻め合い・間合・先と後・打突の機会などの課題も併せて修錬していくことが必要である。

技の考え方や、これに付随した体さばきや竹刀さばきの原理・原則をまず修得しなければならない。体さばきや竹刀さばきの原理・原則とは、いわゆる「技の基本」である。原理・原則を修得しながら、相手とのやりとりにおける状況判断や、相手の出様と変化に対処することになる。相手とのやりとりにおける状況判断や、相手の出様と変化による対処の仕方は、教えようとしても無限にあって教えられるものではない。瞬間々々の「錬りの成果によるひらめき」によって技は発動される。修錬を重ねながら、段階に応じて工夫・研究しながら技を修得していくことである。

七、礼

(一)礼の意味

礼とは人間がお互いに交わっていく中で、社会の秩序を保つために必要な、人としての守るべき社会的規範である。一般的に、礼は相手に対する尊敬の心や、相手の存在や立場を認める心を形に現わしたものであり、根本は形ではなく、その心であるとされている。

スポーツには、各々のスポーツが発祥した国の人々の精神性や道徳性が、そのスポーツ種目に固有のルールやマナーとして定着している。例えば、ラグビーの発祥はイングランドであるが、審判は一人と定め、その判定は絶対であり、ゲーム終了時はノーサイド（敵味方の関係は無くなり同じラグビーを愛する仲間である）としている。このようなイングランド人の精神性や道徳性は今でもラグビーの競技に生きている。

こうした観点から剣道を考えてみると、剣道は「礼」の丁寧さや形の正確さに大変厳格である。スポーツでは勝ったときにガッポーズをしたり、ゲーム終了時にお互いの健闘を称え合う意味で握手をする。お互いの健闘を称え合うだけであれば、剣道のように礼を厳格に扱う必要はない。剣道では「礼に始まり礼に終わる」とよくいわれる。これは、稽古の始めと終わりに礼をするというだけのことではなく、「礼をもって終始せよ」という考え方である。

また、「人を惜しむ」ということがある。相手を思いやり、人格を尊重することはいうまでもない。一面では、対敵関係にある相手は共に剣道を学び合う同志であり、自分を向上させてくれるよきパートナーであって、相手とは単なる対敵関係にあるのではないという考え方が、剣道の礼の根本にある。

さらに、剣道の礼は相手にだけ向けられるものではない。自分自身の内面にも向けなければならない。剣道の現象形態を見ると、対敵関係にある相手に対して否定的であったり攻撃的であったりする。しかし、これはあくまでも技のやりとりを手段にした剣道の方法である。剣道では激しい闘いによって心気が興奮している時であっても、丁寧な礼や正確な礼の形が求められる。正確な礼の形を実践することによって、「自分の内面にある感情を抑制して納める」ことになる。こうした礼の実践によって、感情を自己制御することが、人間としての在り方や生き方につながってくるのである。

(二)中国の古典にみる「礼」の考え方

日本の文化を掘り下げていった場合に、その起源を中国の思想に見ることが多い。「礼」は儒学の思想（孔子を祖とする政治・道徳の教え。『四書五経』を典拠とし、中国歴代の思想の中心を為して、日本にも古く伝来して大きな影響を及ぼした）によるものであるとされている。礼は相手に対する単なる儀礼的な範囲に止まることなく、治世や社会秩序を維持する根本であり、人道としてももちろんのこと、人生の基盤としてなくてはならないものである、というように広く大きな立場に立っている。次にその教えの一部をあげる。

①『論語』（『四書』の一つであり、孔子の言行を記録したものである。人生のあらゆる面にわたっての教えで、その教えは適切中正であるといわれている）

ア、『子曰、不レ知レ礼、無二以立一也』《子曰く、礼を知らざれば、以て立つことなし》

礼は社会に立つ人間の根幹である。だから、その礼を心に備え、身につけない者は世の中に立つことはできない。

イ、『勇而無レ礼則乱』《勇にして礼なければ則ち乱す》

勇気があることは大事である。しかし、その勇気に礼節がなければ乱暴な人間となり、ついには社会秩序を乱してしまう。

②『礼記』（『五経』の一つであり、周代の末期から漢代に至る古礼について、儒者の説を集録したものである）

ア、『礼義之始、在㆘於正㆓容体㆒、斉㆓顔色㆒、順㆗辞令㆖』《礼義の始めは、容体を正しくし、顔色を斉え、辞令を順にするに在り》

礼において最初になすべきことは、まず姿勢・態度を正しくし、顔をととのえて、言葉を丁寧に使うことである。

イ、『礼義也者、人之大端也』《礼義は人の大端なり》

礼というものは人にとって最も大切なものである。

③『春秋左氏伝』（『五経』の一つであり、魯代の記録で当時の複雑な国際関係の中に生きた賢人・名士の訓言が多い）

ア、『礼天之経也。地之義也。民之行也』《礼は天の経なり。地の義なり。民の行なり》

礼は天地人に通じる根本の道である。すなわち、日月星が美しく輝いていることは天の礼であり、山水草木が生え茂っているのは地の礼である。人間に礼のある者は、ちょうどそれにかたどったようなものである。

イ、『礼身之幹也。敬身之基也』《礼は身の幹なり。敬は身の基なり》

礼は身体の背骨のようなもので、人の世に立つゆえんであり、敬は人間の行動の基本となるものである。

第二章　術理

一、技法の展開

技法の展開は大筋として、構え↓攻め合い↓打突の機会と技の選択↓有効打突↓残心、という流れで考えられる。そして、一連の経過の中で主目的となるのは気剣体一致の有効打突である。有効打突に結びつけるためには、攻め合いから打突の機会を求めて的確に技を発動することである。この原点になっているのが構えである。

一連の経過の中から要点として集約される内容は、技術的には「正しい刃筋で打突する」ことであり、精神的には「捨て身で打つ」ことである。すなわち、正しい刃筋で打突するためには直接的には手の内がある。さらには身体の備え、太刀筋、技の滑らかな始動、この前提になっている構えの諸問題が考えられる。そして、有効打突以後は「極める」「調える」という経過になってくる。なお、「極める」は「キメル」と読む（以下同様）。また、捨て身で打つことの原点は、なんといっても立ち合いにおける「心気力一致」である。立ち合いにおける「心気力一致」が「先をとる」こと、すなわち攻めにつながり、捨て身の技に連動してくる。さらに、残心は捨て身の技から自然に派生してくる内容である。

二、姿勢

(一)剣道における姿勢の重要性

姿勢は構えの土台となる自然の体勢であって、安定感があり調和がとれていて、身体のどの部分にも無理がなく、いかなる相手の変化にも、適切かつ自由自在に対応できる永続性のあるものでなければならない。正しい姿勢から正しい構えが生まれ、そこから合理的な動作が生まれてくる。すなわち、正しい姿勢は剣道の技法の基盤となることから、剣道を学ぶ者はまず正しい姿勢を作ることが大切である。

剣道の理が形となって現われたのが術であり、この術の土台になっているのが姿勢である。これを建築に例えると、理となるのが設計で術となるのが築造である。築造の際に最も大切になってくるのが土台であり、この土台は剣道でいうところの姿勢である。

《建築》 土台 ↓ 設計 ↓ 築造

《剣道》 姿勢 ↓ 理 ↓ 術

高野佐三郎先生は、姿勢が正しければ動作が自由自在で敏捷になるだけでなく、品位が加わり、勇気を増して威厳が加わるとし、『剣道』の中で次のように述べておられる。

『敵に真向きとなり縦にも横にも大きく見ゆるやうにして、大山の如く堂々として雄偉なる姿勢を保つ可し。唯、剣を執れる時のみならず、絶えず正しき姿勢を保つことに注意すべし。吾人の精神はおのづから外に現わるるものなるが、反対に形状が精神に影響する所亦少なからず。姿勢正しからざれば、精神正しきを得ず。容姿堂々たらざれば精神も亦卑屈に流れ易く、外形に威容なれば内心も亦勇剛なるを得ざるものとす』

すなわち、姿勢は技法の全般的な課題と、内面的な心気の両面に関連する剣道修行の基盤になるものと考えられる。

(二)不動の姿勢

さらに、高野佐三郎先生は、理想的な姿勢の内容を「不動の姿勢」として表現しておられる。不動とは他からの刺激に対しても動揺しないということに他ならない。『剣道』の中で次のように教えておられる。

『姿勢を重んずる所は自然の体勢を失わざるに在り。直立して脚を踏み開き、顔は仰がず、俯せず、左右に傾くべからず。仰ぐも俯すも敵の動静能く見えず、俯する時は敵をして撃易からしむる不利あり。肩にも腕にも力を入れずして胸を出さずして腹を出し、腰を屈めず、膝に力を入れず……」

また、『五輪書』の『兵法の身なりの事』や『いわをのみといふ事』にも、姿勢について詳しく述べてある。

三、構え

(一)先人の教えにみる構えの考え方

①『五輪書』

『物事に構といふ事は、ゆるがぬ所を用ゐる心なり。或いは城をかまゆる、或は陣をかまゆるなどは、人にしかけられても、つよくうごかぬ心、是常の儀也』

構えとはゆるがないようにすることであって、城構えや陣構えなどは、敵からしかけられても心を動揺させないことが大切である、としている。相手がしかけてきても、動揺しないで冷静に対処しうる「心の態度」とでも表現できよう。

②『撃剣指南』

「一挙一動影ノ形ニ於ケルガ如ク、能ク勢力ヲ全身ニ用ユルモノトス。之ヲ城郭ニ例エレバ、廓ノ内外守備堅固ナル後、敵兵ノ備全タカラザル部分ヲ窺ヒ、或ハ正門ヨリシ、或ハ裏門ヨリ突出シテ敵兵ヲ破ル如ク、或ハ左手ヲ以テシ或ハ右手ヲ副ユル等、機ニ応ジテ撃打スルナリ」

構えを城郭に例えて、守備が堅固であってはじめて機に応じてよく攻撃し得るものである、としている。

③『剣法撃刺論』

『形は元無形なり。大極は無極にして尤も妙理なり。水は方円の器に随ひて形を生ず。去れども元無形なり。撃刺の法も又然也。初心の内は構えということを専らとして、業の遣ひ方を教諭するなれども、元構えなく形なきに至る。構えと云ふことを挙げていへば、上段、中段、青眼、下段、脇構、逆構、霞、陰陽の構え、流派多ければ夫れぞれ究むるに暇あらず。是れを分剖して教示する事なれど、根元は形なきにあり。若し亦究まれる形あらば寔の剣法とは謂ひがたし。軍法も又然也。……略……色々流派に因て名は異なれども、元是も形ありて無きが如し。如何となれば、敵の変に依りて形を生じ、又は敵の実否を窺ひて変ずる者也。然るを其の理をしらずして、形ばかりを作りて変化の理にうとき者あり。俗に云ふ仏作りて魂入れずといふと同説なり。……略……自然と熟し得て其の期に臨みて、業せずして業する業を誠の業といふなるべし。唯手足を慣はしおきて、理にさとれば、極秘に至る近道なるべし。古人も奇正は敵にあり。虚実は我にあり。応変は双方の至臍にありと云へり。豈格言にあらずや」

水は器によって形が変わる。構えも同様にして根本的には形は無く、相手によって変化するものである、としている。なお、『奇正は敵にあり。虚実は我にあり。応変は双方の至臍にありと云へり』と教えているが、大変含蓄のある教えである。

④『心伎一刀流交撃心得、剣法構込の法』

『古人の言に、武人一度事に当るの時は、泰然として立、……略……敢て他人に犯す可らざる厳正を保つべし。此他人に犯す事の出来ざる厳正と云うは、即ち姿勢の正しき也。構込の堅固なる也。若し其の道に在る者にして、独り規則に背き、勝手気ままの挙動を為す時は、一見他人の擯斥を受るのみに止まらず規則として許さざるところ也』

構えは他から侵犯されないような、隙の無い厳正さが大切である、としている。

(二)構えの考え方

これらの内容を基にして、先人が残してくれた教えを考察してみると、構えとは人と人とが向かい合った時の心気や、姿勢・態度をも含めた「勝負の構え」ということになり、究極は「木鶏」の位に至ることになると考えられよう。

構えは無形の構えとしての「気構え」と、有形の構えとしての「身構え」とによって成り立っているとされるが、「勝負の構え」から発展したところの気構えが十分であるならば、必ずしも特定の形態を必要としない。心気の命ずるままに適切な活動に移り得る態勢を保持していればよいことになる。ここに先人が教えている「構えは元来無形のものである」とか、「相手によって形を生じて自由自在に変化し得るものである」ということの意味がある。

このように、構えを考える場合、ある特定の形態をとることは構えに対してとらわれた考え方を持つものであって、ある特定の形に固執するならばかえってマイナスになると教えている。しかし、これは構えの究極的な到達目標である。剣道は術を離れては成立しない。現実問題として、相対的に技法を展開する場合に、そこには術を遣う方法としての合理的な機能と形態が要求される。

(三)構えを考える基礎

構えを考える上で基礎となるのは次のとおりである。

①お互いに向かい合った双方の意志と意志(堅い石と石)のぶつかり合い。

↓

②この意志と意志(堅い石と石)のぶつかり合いが五分五分で勝負が決まらない。

↓

③五分五分の状態から六分四分(または七分三分)に状況が変化したときにはじめて技が発動する機会となる。

したがって、立ち合いにおいて構えが充実していることが剣道の根幹であり、これが「立ち合いにおける心気力一致」といわれるものである。さらに、この五分五分の均衡をどのように打開するのかという方法が攻め合いである。「当てっこ剣道」といわれて久しいが、これは構えにおける意志と意志(堅い石と石)のぶつかり合いや、均衡を打開するための攻め合いが無いので緊迫感に欠けるからである。言い換えれば、構えた時には意志と意志(堅い石と石)とがぶつかり合う、ここが剣道になるかならないかの原点であり、構えを考える場合の基礎となるところである。

(四)技法の展開と構え

構え(原点)→攻め合い→打ち起こし(始動)→打突までの途中(途中経過)→正しい刃筋で打突する(主目的)→残心(事後処理と次の局面の備え)という一連の経過の中で、技術的な主目的は「正しい刃筋で打突する」ことである。そのためには、太刀筋など打突までの途中経過が適正でなければならず、そして、この前提になっているのが打ち起こしの円滑さや適正さである。さらに、これらの原点になっているのが構えである。すなわち、構えの内容が悪ければ正しい刃筋の打突は期待されないということであり、厳密には、構えを見ればここから展開される打突の内容が推測できるということである。

(五)「陰陽五行説」と構え

剣道の基本的な構えには、上段・中段・下段・八相・脇構えという五つの構えがある。これは、天地自然、宇宙万物の運行現象を表わした中国を起源とする哲理で、「天地人陰陽」「木火土金水」という「陰陽五行説」によるものであるとされている。この哲理を根本から究明することは大変むずかしい。一般的な通説をまとめると次のようになる。

①八相（木性現象）→春　陰　木の生成発展する状態。

②上段（火性現象）↓夏　天　火の持つ強烈な状態。
③下段（土性現象）↓土用　地　土の持つ育成包蔵の状態。
④脇構（金性現象）↓秋　陽　物の充実、結実、堅固、冷徹を意味する。
⑤中段（水性現象）↓冬　人　流水、潜行、冷性を意味する。

これは「易」を根本思想とし、宇宙万物の運行現象を「天地人」「陰陽二性」「五行」を根源として理論づけたものであるとされている。これには「相性」と「相剋」とがあって、これによって構えが形成されている。

相性とは、木は火を生じ、火は土を生じ、土は金を生じ、金は水を生じ、水は木を生ず、とある。相剋とは、木は土に剋ち、土は水に剋ち、水は火に剋ち、火は金に剋ち、金は木に剋つ、という。これによって、木は八相、火は上段、土は下段、金は脇構え、水は中段で各々の構えの性格を表わしている。

上段の構えは、燃え盛る炎をもって全てを焼き尽くそうとする激しい攻撃の構えで、「火の構え」「天の構え」ともいう。中段の構えは、全ての構えの基盤になっているもので、水のように淀みなく流れて、千変万化し得る構えであって、「水の構え」「人の構え」ともいう。下段の構えは、天地の地に例えて、大地のように揺るがない防御の構えで、「土の構え」「地の構え」ともいう。八相の構えは、諸手左上段の変形とも考えられており、太刀を大木のように立てて、自分から先に技を出さないで相手の動きを観察し、相手の出方によって攻撃に転じ得る構えで、「木の構え」「陰の構え」ともいう。脇構えは、懐に黄金を持って必要に応じて臨機応変に技を出せる構えで、「金の構え」「陽の構え」ともいう。

四、構えに関する諸問題

(一)蹲踞と気力

「蹲踞」という言葉やその所作は、一般的な日常生活ではあまり扱われない。高貴な立場の人に対する最も丁寧な礼法というのが定説であるが、これは儀礼の側面に着目した考え方である。剣道では蹲踞を儀礼の側面から考えることはもちろんであるが、お互いが対敵関係にあるという場面を踏まえて考える必要がある。

蹲踞について「踞地の獅子」という教えがある。これは、獅子が獲物を狙うために身を低くしてうずくまり、いつでも跳びかかって行けるような気力を意味している。稽古や試合などで、蹲踞をした時には、いつでも跳びかかって行けるような気力の充実がなければならない。持田盛二先生は蹲踞について、『稽古や試合では蹲踞をした時の気力の充実如何によって勝負が決する。初太刀の内容は蹲踞した時の気力の充実から自ずと発揮される』と教えられた。

すなわち、蹲踞における気力の充実は「立ち合いにおける心気力一致」に連動し、ここから初太刀の内容や勝負の契機、捨て身の技、一本の稽古の充実などにつながってくるといえよう。

(二)心気力一致

①心気力一致の意味内容

高野佐三郎先生は、心気力一致を『剣道』の中で次のように教えておられる。

『心気力一致とは、目に視、耳に聴く所直ちに精神の働きとなり、精神の働きに応じて咄嗟に技に現われて……略……。此三者よく一致活動してはじめてよく機に臨み変に応じて勝を制するを得るなり』

心気力一致の要点をまとめると次のようになる。

心とは精神活動の静的な面で、知覚・思慮分別・判断する働き(知覚・思慮分別・判断)である。気とは精神活動の動的な面で、心の判断に従って意志を決行する活力(意志の決行力)である。力とは稽古を積み重ねた上にできる、太刀先まで満ちわたる技の発動力(技の発動力)である。

心気力一致とは、「知覚・思慮分別・判断」→「意志の決行」→「技の発動」という一連の働きが、即座に一致活動して有効打突に結びつき得る態勢をいう。さらに、高野佐三郎先生は、『勝敗は術策よりも寧ろ唯機是れ乗ずるの敏捷に富むを要す』と教えておられる。立ち合ってあれこれと策を考えるよりも、機を捕えたら間髪を容れずに打ち込むこと、すなわち「心気力一致」が勝ちを得る要点になってくる。ちょうど、水に風が吹いて波が起こるようなものである。

心気力一致

三即一致活動

心＝知覚・思慮分別・判断　《水に》

気＝意志の決行　《風が吹いて》

力＝技の発動　《波が起こる》

②心気力一致と左手握りの納まり

中段に構える場合、左手親指の第一中指骨関節が臍の延長線上にくるように、左手の握りを下腹から拳約一握り前に絞り下げるように納める。ここで「左手の握りを絞り下げるように納める」という表現の中に、剣道の重要な意味が含まれていることを忘れてはならない。

気と呼吸を臍下丹田に納めて全身の活力を集中させる。そして、ややもすると浮き上がってしまう気と呼吸を、「左手の握りを絞り下げるように納める」ことによって抑止するのである。左手握りの納まりが崩れた時には気と呼吸は浮き上がってしまう。逆に気と呼吸が浮き上がった時には、左手握りの納まりは崩れて構えが崩れた状態になる。構えが崩れると隙ができるばかりでなく、活動が停滞してしまい、ここからの合理的な技の発動なども期待できない。

稽古で錬れた人は、構え、とりわけ左手握りの備えが崩れない。一般的に構えがしっかりしているということは、左手の握りが崩れずに納まっているということであり、臍下丹田に納められた全身の活力が常に「攻め↓技」に行ける状態になっているということである。すなわち、臍下丹田に納まっている気を左手の握りが受けて、これが剣先から相手に放射される。こうなれば自ずと左手の握りが常に相手を攻めている状態になっていて、「先をとる」ことにつながってくる。

③心気力一致と技の発動

心気力一致とは自分の身体全部が目と心であり、気であり太刀になっているということである。別な表現をすれば、調心・調息・調身によってできた乱れの無い態勢であると考えられよう。このような状態にあってこそ「先をとる」ことができ、自ずと機を捕えて気剣体一致の有効打突に結びつけることができるのである。

技の発動に至るまでの状況判断は、心（知覚・思慮分別・判断）によるものであり、ここから気（意志の決行）が基となって技が発動される。したがって、技は気から発動するものでなければならず、気が働いて技になるということである。気の向き不向きや気ままな技、あるいは気のないところから技を出したとしても、それは単なる物体の運動にすぎない。また、技は心と気が相まってその働きとなるのであるが、気力が満ち溢れたところからの技には一段と勢いがある。

(三)目付け

剣道における直接的な受容器は目である。心気力一致の立ち合いにあっては自分の身体全部が目になっていることであり、これによって機を捕えて即座に打突することができるのである。また、お互いに相手を見ているのであるから、お互いの見合いの優劣が勝負の糸口になってくる。

①観見の目付け

『五輪書』の『兵法の目付けという事』の中で、『目の付けやうは広く大きく付くる目也。観見二つの事、観の目つよく、見の目よはく、遠き所を近く見、近き所を遠く見る事兵法の専也』と教えている。

ここでいう「観の目」とは相手の意図や心を観察するということであり、「見の目」とは肉眼を使って相手の行動現象を見るということである。そして、お互いに見合った時には相手の行動現象を見る目（見の目）は弱くし、肉眼で見えない相手の意図や心を観察する目（観の目）は強くするということである。さらに、観の目を強くし見の目を弱くすることを実現させる一助として次のことを教えている。

ア、一定の部位に固定して注視してはいけない。

イ、頭上から爪先に至るまで一目で見て、あたかも遠山を望むようにする。

ウ、近くにいる相手を遠く見て、遠くにいる相手を近く見るようにする。

エ、相手の太刀が目に入っても、その太刀にとらわれないようにする。

オ、眼球を左右に動かさなくとも、両脇が見えるような目付けをする。

また、『兵法家伝書』では、「観」を『観は心に聞、目をふさぎ見る心、うちにみるなり。観に所作はなき也。所作は相手次第いづるもの也。……略……観は所作表裏にあらず、心ざしのもと也。本にてみる心也。心をひとところにとめざる也。とどまらば観にはあらず』と教えている。「見」については、『見は現在にみる也。目にみて意に通じてより心にうくる也。目にみる所は所作、しるしあるもの也。外より内へ入也』と教えている。

②心と目の関係

「目は口ほどに物を言う」とか「目は心の窓である」といわれるように、日常生活で他人と話をする場合には、相手の目を中心にして顔全体を見ながら、相手の意図を受けとめつつ自分の考えを表現するなかで対応する。

圓明流などにおいても、心は顔に現われるものであるから、目の付けどころは顔に及ぶものの他はない、と教えている。

このように、心と目の関係は心が主であって、心の状態はそのまま目に現われてくることから、相手の目を見て、その意図や心の状態を知ることができれば勝負の糸口をつかむことができよう。

③目の付けどころ

相手の部分的な変化を捕えることによって相手の意図を知ることができる。その内容として、古くからの教えをまとめると次のように整理できる。

ア、目を見る・顔を見る→心や気の変化を見る。

イ、剣先と拳を見る・小手を見る→形の起こりを捕える。

ウ、肩を見る→呼吸を知る。

エ、腰の辺りを見る→自分の心や意図を観察されないために、わざと相手と視線を合わせない。

（「帯の矩」）

また、一刀流に「二つの目付けの事」という教えがある。これは相手全体を見るなかで特に重きを置いて見るところが二つあるという教えである。

ア、剣先と拳を見る→心の変化によって気が起こり、これが形となって最初に現われるのは「剣先」と「拳」である。

イ、有形と無形を見る→肉眼で相手の形の動きを見ると同時に、無形である相手の心や意図を観察する。

ウ、相手と自分を見る→相手の虚を見ると同時に、「自分が敗れるところはここ」「勝つところはここ」と自分を顧みる。

さらに、目に見たことをいつまでも心に留め残してはいけない、留め残すと「目の居着き」となって不覚をとることになる、次に動く相手の心をつかむことが大切である、と教えている。

(四) 掛声

①掛声と心身の勢力

日常生活においても力を必要とする場面では、意志や心身の勢力を集中させるために大きな声を掛けることがある。剣道でも同じように声を掛けることによって、気力の充実と意志を集中させ、勇気を増し、打ち込む太刀に勢力を加える。

掛声と気力の充実とは密接な関係にあり、心気力が一致充満すれば自然発生的に声が掛かる。すなわち、掛声は気力の発露といえる。逆に声を掛けることによって心気力を一致充実させる。掛声が悪いときには気が漏れて気勢が乗らない。

大きく鋭く、かつ厳しい充実した声を掛ける時には気勢も同じように働き、間が抜けて張りの無い声を掛けた時には気勢が乗らない。掛声は自分の態勢や調子を調えるのに大いに役立つので、掛声を手立てとして活気のある稽古に努めることが大切である。しかし、意味もなくみだりに大声を発したり、ひっきりなしに声を掛けたりしたのではかえって弊害となりかねない。心を鎮め気を納めて声を掛けることが大切である。

②有声・無声

掛声については、古くから「有声より無声に入る」「極は無声に至る」「無声にして大声を発するが如く」という教えがある。これらのことについて佐藤卯吉先生は『永遠なる剣道』の中で次のように教えておられる。

『修行を積み重ね修練を重ねた結果、技術上達、姿勢態度自ら正しく備わり、品位高まるにつれて、これまで大きな掛声を発して気勢を導きだしていたものが、大声を発するために費やす努力を内部に蓄えるようになる。ただ身体だけの形にあらわれた表面的な気勢は、疲れて崩れやすいのにひかえ、内部に潜在する無形の目に見えぬ気力は容易に衰えることはない。かつては打突の動作にのみ心を引かれていたため、大声を発することを必要としていたが、すでに修行を重ねて技倆向上し、道の深きところを悟道するにいたると、一声だに容易に発することができなくなるのみならず、一打一突さえもゆるがせにならないことを自覚する。それとともに大声を発すれば、それだけ内に蓄えられた気力・勢力を損することに気づくようになる。このようにしてついには掛声をかけることはむろんのこと、一呼吸さえ心しておろそかにすることをしなくなる。この段階に達すれば、声なく自然に黙するにいたって、いわゆる肚で戦うということになるのであろう』

③実際の掛声と息づかい

相手を打突する場合、実際には「コテ・メン・ドォー・ツキ」と呼称する。小野派一刀流では「イー・ヤー・ハー・エィッ・トォー」の五声、古伝では「エィ・ヤァ・トォ・シャ・ホゥ・オ・ソレ」の七声と教えている。古伝の七声については詳しくは不明であるが、小野派一刀流の五声には次のような意味があるとされている。

ア、「イヤー（イー・ヤー・ハー）」↓自分の態勢が完備し、相手の勢いを挫く声。（攻める声）

イ、「エィッ」↓確実な決意を以て動作をする声で、打突する時に発する声。（打突する声）

ウ、「トォー」↓相手が打ち込んでくるのに対して、これを迎え、応じ留める声。（応じて打つ声）

日本剣道形では、『打太刀　ヤー、仕太刀　トー　の二声とする』とある。高野佐三郎先生は日本剣道形の掛声について、打太刀は「イヤー（イー・ヤー・ハー）」の三声を口の中で言って気力を充実させて攻め、「エィッ」で打つ。仕太刀は「イヤー（イー・ヤー・ハー）の三声を口の中で言って気力を充実させて攻め、応じて打つ瞬間に「トォー」と鋭く声を掛ける、と教えられた。

いずれにしても、打突の瞬時に発する声は、張りのある引き締まった短い鋭い声でなければならず、そのためには、口を開けて息を全部吐き出すような息づかいであってはならない。『示現流兵法切紙』では、『兵法に声をかくる事第一義なり、空に息を皆かえすべからず、息をつめて半分づつ残して掛かるべし』と教えている。

(五) 剣先の付けどころ

現代剣道の構えは、上段・下段に対応した構えとして「中段」と表現しているが、昔は「セイガン」と称し、正眼・晴眼・青眼・星眼・臍眼・清眼・勢眼・誓眼・精眼などの文字を書いた。そして、各々の剣先の付けどころやその意味も違うとされ、この違いが各流派の特徴でもあったとされている。学校体育における集団指導の便宜的方法を考慮し、「セイガン」を総称して「中段」と表現するようになった。しかし、中段の構えの剣先の付けどころを考える上では、この「セイガン」の考え方が原点になっている。

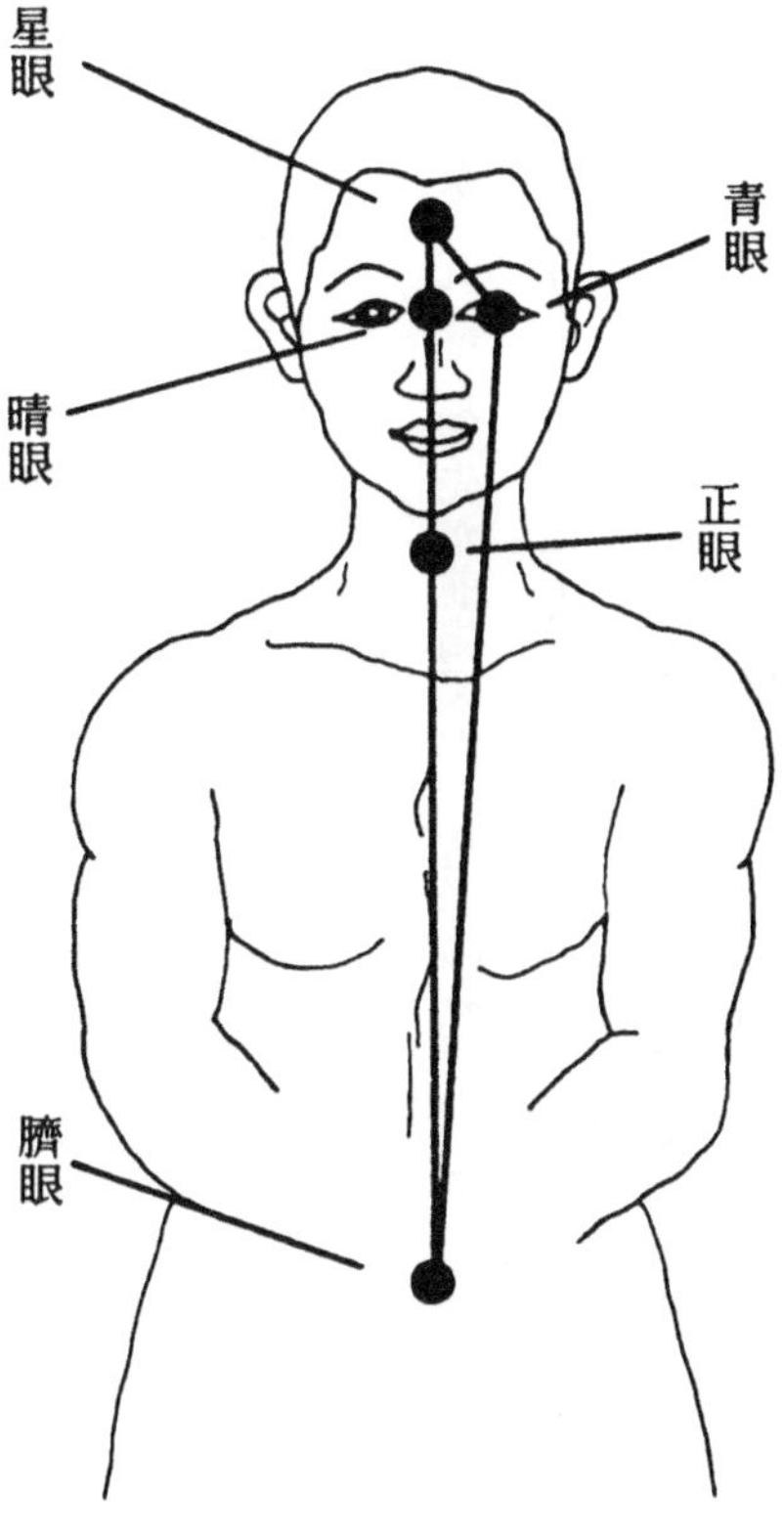

①正眼→剣先を相手の咽喉に付ける。
②晴眼→両目を日・月に例えて、剣先をその中間に付ける。
③青眼→剣先を相手の左の青目に付ける。
④星眼→天の星になぞらえて剣先を額の中央に付ける。
⑤臍眼→剣先を相手の臍に付ける。

さらに考察すれば、剣先が前掲図の三角形の範囲内にあれば中段の構えと言い得る。剣先の付けどころが星眼より上であれば上段、臍より下であれば下段と考えることができよう。また、剣先が正中線より(相手の)右側に外れたのでは自分の構えに隙ができてしまう。さらに、剣先の付けどころは、お互いのやりとりによって瞬間々々に変動するが、相手の身幅よりも外側に外さないことが鉄則である。

(六)四戒(驚懼疑惑)

「驚」は予期しないことが起って、事の意外さに驚き心身の活動が混乱する。心は正常な判断ができず、身体は自由な働きができなくなってしまう。はなはだしい場合には茫然自失する場合もある。「懼」は事に当って恐怖心が先立ち、精神活動が停滞し、四肢の働きを失ってしまう。「疑」は相手と立ち向かっても疑心があって見定めが無く、決断心の無い状態をいう。桜花が風に吹かれて散るように、いさぎよい覚悟をもって臨むことが大切である。「惑」は精神状態が混迷し、敏捷な判断や軽快な動きができなくなってしまう。

この「驚懼疑惑」がある時は、機先を制して勝ちを得ることができなくなってしまうことは当然で、しかも自分の方から混乱して崩れてしまう。

五、攻めに関する諸問題

(一)隙(有形・無形)を求める

「攻め」の意味内容を端的に表現すれば、有効打突に結びつけるために、構えの五分五分の均衡状態をどのように打開して、自分を有利にして打突の機会を見出すかという展開方法である。「勝って打つ」の「勝つ」ということが攻めである。したがって相手をどのように変化させたか、どのような影響を及ぼして打ったかという、その内容が攻めであって、自分の調子や気の向き不向きだけで打ったとしても、それはあくまでも結果論である。

打突の機会を見出すということは、主体的かつ積極的に「隙を求める」ことであり、別な表現をすれば「相手の変化(崩れ)を求める」ということである。ここでいう、隙を求める、変化を求めるということは、狙うことではなく、あくまでも自分から積極的に相手を変化させる、崩すという働きである。

そこで、隙という内容を分解してみると、一つは有形の隙、すなわち構えの外形的な隙であり、一方は無形の隙、すなわち構えの心理的な内面の隙である。形と心とは表裏一体の相関関係にあるが、形は心に影響を及ぼしており、逆に心の状態は形に現われてくる。このように、形と心の隙の間には大変密接な関係がある。

(二) 攻めの実際

お互いの五分五分の均衡状態を、どのように打開して有効打突に結びつけるかという展開方法、すなわち攻めの主な要素としては、「気で先をとる」「中心をとる」「有利な間合を展開する」ということが考えられる。

①気で先をとる

「気攻め」ということをよくいうが、構えから残心までの過程で一貫して流れているのは気であり、極論すれば剣道の技法の基盤になっているのは気である。「気で先をとる」ということは、蹲踞から心気力一致の内容を持続することであり、立ち合いからの気攻めの連続である。自分の方から先に技をしかけているから、これがすべて先をとっているとは言い難い。「気は先、技は後」といわれるとおり、相対的なやりとりの流れから現象結果的に後になったとしても、そこには先にかかっている、または先の気が持続しているので、相手の技を捕えて対応することができるのである。

気で先をとることが「機」を捕えることにつながる。気で先をとるということを、ある尺度をもって定量的に計測することは不可能であり、文章で表現しようとしても限界がある。しかし、「気で先をとる」ということをあえて表現するならば、「勝つ意志の集中」とでも表現できよう。勝つ意志とは打ち勝つという意志ではなく、技が発動される前段階にある「気で優位に立つ」「気攻めで勝つ」ということである。求める方向としては、相手の精神力を牽制して機先を制するということになろう。別な表現をすれば、相手の気を塞ぐ、相手の気を挫く、惰気や惑を捕えるということにもなろう。すなわち、気力が渾身に充満して相手から侵されることなく、何時でも機会があれば即座に発しようとする、溌剌とした心身の作用であるといえる。『陽気の発する所金石亦透る』『気は理や術以上の内容であって、超然として理術を支配するものである』とされる。

「気で先をとる」ということは簡単に言い尽せるものではなく、また結実した形というものも無い。長年の厳しい稽古の積み重ねによって修得されるものである。真の姿勢を保ちながら、臍下丹田に気を充実集中させて納め、これを受け留めた左手握りの堅固な備えと、左手の握りから剣先に至る気力の充実と集中力をもって、竹刀もろとも相手に乗り懸かって行くことになろう。端的に言えば「肚で相手に噛みつく」「気で相手の真中に割り込んでいく」ということになる。気で相手の真中に割り込んで行くためには、自分の気が真中にしっかりと納まっていなければならない。

②中心をとる

「中心をとる」ということは、自分の剣先を相手の中心に付けて外さずに、相手の剣先を自分の中心から外すことである。相手の中心を崩して打突するそのこと自体が、自分の中心を維持・防御することにもなる。

中心をとる根底には、気で先をとる、相手の気を挫くなどの気の働きがなければならない。そして、この気の働きが相対的な術として、中心をとる竹刀さばきになってくると考えるべきである。

基本的には自分の剣先を相手の中心に付け、そのまま割り込んで行くことによって、相手の剣先が自分の中心から外れるのである。手先だけで無意味にあれこれと剣先を動かすことは、自分で攻めているようであっても逆に虚になるところでもある。また、表や裏から触れる、押さえる、はじく、払うという剣先の働きも攻めの一つである。これは気の働きが基盤となって、堅固な体の備えや体さばきと結びついた「応用の術」として捉えることができる。

いずれにしても中心をとるということは、臍下丹田に充実集中させて納めた気の働きが基盤となって、これを受け留めた左手握りの堅固な備えと、左手の握りから剣先に放射される気力で、相手の中心に「割り込む」ということである。こうした働きによって、形として自分の剣先が相手の中心に付くことになる。

③有利な間合を展開する

お互いが向かい合っている間合を二分すると、自分の手元から剣先までの空間を「我が間」、相手の手元から剣先までの空間を「彼の間」ということがある。「我が間」は自分の陣地であり、「彼の間」は相手の陣地である。自分が「彼の間」に踏み込むこと、すなわち相手の「構えを破る」（無形の「気の壁」を破る→有形の構えの形を破る）ことによって自分が有利な状況となる。逆に、相手が「我が間」に踏み込んだ時には、ここから奥に入られてしまうことになる。お互いの距離的な間隔はあるものの、自分から先をとって「彼の間」に踏み込むか、それとも、相手に先をとられて

「我が間」に踏み込まれるかが、勝負の糸口になってくる。

『敵より遠く我より近く』という教えがある。自分と相手との間合は一つしかないのにもかかわらず、そこに遠近の差があることは物理的に矛盾している。お互いの気持ちの持ち方、自信の度合、技能の差、姿勢や見方などによって遠近の差が感じられる。稽古を積み重ねて修得することである。

ただ足をさばいて「間に入る」という意識ではない。左腰と左拳で「間を詰める」という意識を吟味してみるとよい。

(三)三殺法の考察

剣道の攻めを集約した教えに「三殺法」がある。これは、相手を打つために気を殺し、剣を殺し、技を殺す、ということである。

「気を殺す」ということは、自分の気力に相手が押されて、この崩れたところを攻撃することである。これによって剣を封じ込め、技が出せないようにするのである。

「剣を殺す」ということは、基本的には自分の剣先を相手の中心に付け、そのまま割り込んで行くことによって相手の剣先を自分の中心から外す。さらに、お互いのやりとりの中から、相手の剣を押さえる、払う、はじく、張る、捲くなどして相手の構えを崩し、竹刀を自由に使えないようにすることである。剣を殺すことによって相手の気力を萎えさせ、技の発動力を抑えることになる。相手の剣を殺す場合はただ手先だけの働きではなく、体さばきを伴わせ、隙があったら即座に打つという気構えが大切である。

「技を殺す」ということは、相手が打とうとするところを抑えたり、自分から積極的に打ちかかって行くことによって、相手に技をほどこさせないようにすることである。このように相手に技の効を奏させない、防御に費やさざるを得ないようにすることが、相手の気を萎えさせ、相手の剣の遣い道を無くすことにつながってくる。

気を殺し、剣を殺し、技を殺すことを独立した個別の働きとして考えるのではなく、三つのうちの一つを殺すことによって、他の二つを殺すことにつながってくると考えるべきであろう。さらに、気を殺し、剣を殺し、技を殺すという三殺法は、究極的には「体勢を殺す」ことになるのではないか。「体勢を殺す」ということは、防御としての相手の備えを崩し、攻撃としての働きを抑えることになる。

(四) 先・後の問題

①先・後の解釈のしかた

「先んずれば人を制し、後るれば人に制せらる」という。機先を制すると否とでは勝負の展開が逆になってくる。「打つぞ」「突くぞ」という気迫で常に機先を制していることが大切であり、受ける気持ちになると後手にまわってしまう。機先を制する働きを剣道では「先」といい、「先々の先」「先」「後の先」という「三つの先」として捉えられている。

三つの先は、お互いの技のやりとりとその結果、また、結果に至るまでのお互いの心理的なやりとりなどが複雑に絡み合っている。初めから「先々の先の技を遣おう」「先の技を遣おう」「後の先の技を遣おう」という意識で技がほどこされるのではない。また、どこまでが「先」で、どこからが「後」というように区別して考えられるものでもない。あくまでも「打つぞ」「突くぞ」という、総合的な「先の気」の働きによって発動された技が、相対的なやりとりの結果として、「先々の先の技」「先の技」「後の先の技」という三つに区分した表現になると解釈すべきであろう。その内容を分解して考察してみると次のようになる。

②先々の先

ア、お互いが相手を打とうとする意志をもって間合に接する。

★打とうとするお互いの意志が一つの「先」である。

イ、間合に接して、相手が自分を打とうと発意する。

★自分を打とうと相手が発意したところが二つの「先」である。

ウ、相手が発意したところを即座に認め、形に現われないうちにただちに打って出る。

★相手の二つ先、すなわち「先々」の「先《さき》」を打つ。

相手の意志（一つの先）があって、打とうとした発意（二つの先）を認めて、形に現われない「先《さき》」を打つので、「先々の先」といい、自分から懸かっていくので「懸りの先」ともいう。技としては「出ばな技（出頭技）」が考えられる。

③先

ア、相手が自分の隙を認めて打ち込んでくる。

イ、相手の打ち込んでくる働きが、技として効を奏しない「先《さき》」を打つ。

相手から懸かって来て、この働きが技として効を奏しない前に打つので「先前の先」ともいい、相手から懸かり、自分も懸かって先をとって打つので「対の先」ともいう。技としては、相手の打ち込んでくる太刀を「抜く」「すり上げる」「応じ返す」などの技がこれに当たる。

④後の先

ア、相手が自分の隙を認めて打ち込んでくる。

イ、打ち込んでくる相手の太刀を打ち落としたりして、相手の技を殺した後に相手の勢いが尽くされた瞬間を打つ。

相手の働きを待って、その後に自分から打つような形になっているので「後の先」といい、「待の先」ともいう。技としては、相手の打ち込んでくる太刀を「打ち落とす」技がこれに当たる。

⑤三つの先の考察

お互いのやりとりは、相手の心の変化↓気の起こり↓形の動き↓技、という一連の流れから機会を捕えて打つことになる。

「先々の先」は形に現われる先、すなわち相手の「心の変化」や「気の起こり」などを捕えて打つので、『心を以て心を打つ』とか『匂いを以て匂いを打つ』『気配を打つ』などともいわれ、高度な技とされている。

「先」は心の変化や気の起こりが形に現われて、これが技として効を奏しない先、すなわち『術となる先を打つ』ことである。

「後の先」は心の変化や気の起こりが形に現われ、この流れから技として今まさに決まろうとする刹那、『術に現われたところを確かに外して打つ』ことである。

相手の心の変化↓気の起こり↓形の動き↓技、という流れから機会を捕えて打つことになるが、自分の気は常に先に懸かっていることが大切である。気が先に懸かっている働きの成果が「三つの先」の技となって現われるのである。

(五)懸待一致

「懸中待」「待中懸」ともいう。懸待一致について高野佐三郎先生は『剣道』の中で次のように教えておられる。

『受くるも、張るも、摺り上ぐるも、切落すも、同時に撃つ太刀突く太刀ならざるべからず。撃つ太刀突く太刀は亦取りも直さず防ぐ太刀となる。防御は攻撃の為めにして、攻撃はおのづから防御となるなり。……略……懸かる中に待ちあり待つ中に懸りあり。……略……かはすも、外すも、切落すも、受くるも、張るも同時に切る太刀、突く太刀ならざるべからず。切落すといひても敵の太刀を切落して後勝つにあらず、石火の位とも間髪を容れずともいひ、切落すと同時に何時の間にか敵に当る。切落すと撃つと一拍子なること肝要なり。受くるといふことなく撃つ太刀が取りも直さず受くる太刀となるやう心懸くべし。故に敵に何等の術を施さしめず、先々の先を以て勝を占むるを上乗とす、我が撃ち込むと同時に敵も撃来らば、かはし、外づし、摺り上げ、又は応じ返しに先前の先にて勝つ。敵が先に撃ち来らば切落し又は太刀を凌ぎて後の先にて勝つ』

相手に打ち懸かることだけに心を働かせては応じることが困難である。逆に、待つことだけに心を働かせたのでは、隙を捕えて即座に打ち込むことはできない。心気を「懸かる」「待つ」いずれの一方にも偏らせないようにすることが大切である。

『出るな　さがるな　佇《たたず》むな』

六、間合

(一)三つの間合

①一足一刀の間合

基本的な間合であり、一歩踏み込めば相手を打突することができ、一歩退けば相手の打突をかわすことのできる間合である。この間合は個人の体型・技能・体力などによって個人差があるので、「ここが一足一刀の間合である」という定量的な基準値は無い。自分にとっての一足一刀の間合はここであるというところを感得して、この間合から技を出すように修錬することが大切である。

②近い間合

一足一刀の間合よりも接近した間合である。相手と接近した状態であることから、打ちやすいと感じて、ついついこの間合に入ってしまうことが多い。この間合から一歩踏み込んで打てば「元打ち」になり、踏み込まないで打てば「手打ち」となり、どちらも有効打突になりにくい。相手が一歩さがった時に打ってはじめて一本になり得る間合である。

なお、鍔ぜり合いの状態にある間合は、最も近い間合であると考えられる。

③遠い間合

一足一刀の間合よりも遠い間合である。この間合では相手から打たれないが、自分からも相手を打つことができない。遠い間合から一足一刀の間合にどのように攻め入るかが、心理的・技術的な闘いとなってくる。

(二)「真行草」の間合

①「真行草」の意味内容

真行草とは書道の筆法に関する言葉で、中国から伝わったものであるとされている。その感覚的な意味内容は次のとおりである。

「真」とは楷書に相当するもので、一字一画もゆるがせにしないキッチリとした格調の高い堂々とした態度を表わし、服装でいえば紋付に袴という正装のようなものである。正々堂々とした本道・根本中道の気分的態度である。

「行」とは行書に相当するもので、字画も柔らかい日常生活の感覚的内容で、服装でいえば紋付に羽織袴という普段の衣装のようなものである。「真」の気分的態度を実際の状況に応じておこなう気分的態度である。

「草」とは草書に相当するもので、心広くゆったりとのびのびした気分で、服装でいえばくつろいだ着流しの普段着といったようなものである。超然として気やすく打ち砕けた気分的態度である。

このような気分的態度の感覚内容は、日本の芸道における精神的な段階を表わすものとして考えられている。高野佐三郎先生は、日本剣道形の小太刀の一本目・二本目・三本目を、各々「真」「行」「草」の気分で遣うと教えられた。すなわち、一本目は寸分の隙もないキッチリとした厳重な構えから、相手に少しの余裕も与えないで「直ちに斬って捨てる態度」である。二本目は相手の変化と技を「いったん咎めてその後斬り捨てる態度」である。三本目は無構えのように心広くゆったりとしたところから、相手の技を「十分尽くさせて敵に従って勝つ態度」である。

② 「真行草」の間合

「真の間合」とは「生死即決の間合」であり、技の選択の猶予などしていられない、「相手を一つも許さずに直ちに勝つ態度」である。「行の間合」とは相手との対応の仕方による理合の選択によって「勝負をかける間合」であり、「相手の技をいったん咎めて勝つ態度」である。「草の間合」とは行の間合に入るまでに「千変万化の技を出し得る間合」であり、教える姿勢を含んだ咎め方で、「相手の技を尽くさせて敵に従って勝つ態度」である。

間合は単にお互いの距離的な間隔だけを意味するに止まらず、「真行草」のように形に現われない、無形の「心と心の間合」とでもいうべき微妙なものがある。

(三)「不敗の位」と「水濺刀《すいえんとう》の位《くらい》」について

間合の内実を踏まえたお互いのやりとりは、一足一刀の間合からの狙い合いや、ただ単なる打ち合いでもなければ、一足一刀の間合からの攻め合いでもない。一歩踏み込んでも届かない間合、すなわち「触刃の間合」から、剣先と剣先が交叉する間合、すなわち「交刃の間合」(「一足一刀生死の間合」)まで、間合を詰める時に自分の備え(心気と技法)をどのように堅持し、相手の変化をどう見極めるかという働きが大切であり、ここに剣道の意味がある。

このような内容を「不敗の位」から「水濺刀の位」に移る課題として、根岸信五郎先生は『剣道講話』の中で次のように教えておられる。大変重要な教えである。

『敵と相對する第一着の構えは「不敗の位」に立ちます。此不敗の位は大切なる場合でありまして一足踏込でも未だ届かぬ所に居るのであります。而して正に進まんか將た又奇にて行かんか何れに處すべきかといふ實に大切なる場合であります。奇と申すは電光石火一躍して眞向に面又は小手等を打込むか、或は體を崩して飛込み跪いて胴を切る等をいひ、正とは正々堂々として勝ちといふ所を能く辯へて「水瀊刀の位」に移るのであります。此不敗の位より水瀊刀の位に移るのが立合に於ての正規であります。偖て水瀊刀と申すは彼我の切先と切先が斜めに十字形を爲すものであります。是れは眞に危い所恰も水を茶碗に入れて刀の上に置くが如き思いをなすので、稍ともすれば水が零れる即ち打つか打たるゝかの境で氣の滿ちたる大切なところをいふのであります。不敗の位も水瀊刀の位も皆間合でありますが、是れより千差萬別の間合となるのであります』

まず、一歩踏み込んでも届かない「不敗の位」に構える。ここから「正」に進むか「奇」に行くかが大事な場面である。「奇」というのは、電光石火一躍して面または小手に打ち込むか、または、体を崩して飛込み胴を打つなどをいう。「正」というのは、正々堂々として「水瀊刀の位」に移るのである。「水瀊刀の位」というのは、お互いの剣先が斜め十字形に交差をしているところで、「打ち間」である。これは大変危ないところで、ちょうど水の入った茶碗を刀の上に置くような心理状態で、水が零れ落ちる、すなわち打つか打たれるかの境の気の満ちた大切なところをいうのである。そして、この「不敗の位」から「水瀊刀の位」に移るのが、立ち合いにおける『正規』である、としている。

水の入った茶碗を竹刀の上に置くことなどは現実には不可能であろう。しかし、緊迫した状況にあっても動揺しない心気の在り方を表現しているものと考えられる。「不敗の位」すなわち一歩踏み込んでも届かない遠い間合から、どのように攻めながら間を詰めて行くかが心理的や技術的な闘いとなる。

不敗の位

水灉刀の位

七、打突の機会

攻め合いや技のやりとりの中で、相手の備えが堅固であったり、崩れの無いところを打ち込んで行っても効は奏しない。打つには打つべき機会がある。この機会とはチャンスを狙うという意識ではない。あくまでも自分から積極的に攻めあげて、相手の崩れや変化を求めて打突の機会を作るということである。打突の機会は無限に近いが、これを集約すれば次のようにまとめられよう。

①隙、すなわち「実」を避けて「虚」を打つ。実とは精神や気力が充実し、注意が行き届いていて形の上でも堅固な状態をいう。虚はその逆である。

「虚実」については、『孫子』（孫武の著述『武経七書』の一つで、軍略を論じたものが多い）に次のようにある。

『夫兵形象レ水。水之行、避レ高而趨レ下。兵之形、避レ実而撃レ虚』《夫れ兵の形は水に象る。水の行くは、高きところを避けて下きに趨く。兵の形は、実を避け虚を撃つ》

軍勢の動きは、水の流れにたとえるべきである。水は高い所を避けて低地を選ぶ。戦いもまた相手の主力(実)を避けて手薄のところ(虚)を攻撃すべきである。

②相手を攻めあげて相手の変化するところを打つ。変化するところは相手が意識を変えるところである。ここを逃さずに打つ。

③相手の技の起こり頭を打つ。行動を起こそうと発意したところを打つ。

④相手が受け止めたところを打つ。しかけた技に対して相手が受け止めた場合、意識は受け止めたところにある。受け止めたところ以外のところは心の面でも形の面でも虚になる。ここを打つ。

⑤相手の技が尽きたところを打つ。起こりとは逆に気勢・剣勢・体勢が出し尽くされたところを打つ。

⑥自分の方から形の虚を見せて、この虚を相手が打とうと意識が集中したところを打つ。いわゆる相手を誘って打つ、相手を引きつけて打つことになる。実を以て相手の実を崩し、虚にさせておいて打つことが基本原則であるが、様々な心理的な流れによって使い道が変わってくる。

⑦相手の「狐疑心」のあるところを打つ。「狐疑心」とは疑い深く決断しかねている心である。あれこれと疑いをもって目標が決まらずに迷っているところを打つ。

⑧相手をせかせて打つ。相手を攻めあげ、せかせて心の焦りに乗じて打つ。

さらに、「三つの許さぬ所」として、「起こり頭」「受け止めたところ」「技の尽きたところ」という教えがある。

八、技

(一)技の捉え方

技は「しかけていく技」と「応じていく技」とに大別される。しかけていく技は自分の方から先にしかけていく技であり、応じていく技は相手のしかけてくる技に対して、「応じながら変化するなかで出す技」である。さらに、しかけていく技と応じていく技は、各々いくつかの技に分類される。このような技の分類の視点は、どちらが先にしかけ、どちらが後で応じたかという相対的な結果の分類である。また、「払い技」「すりあげ技」「返し技」の「技」とは、相対的な関係における体さばきや竹刀さばきの仕方に着目した、「払う」「すり上げる」「返す」というような技の手法や仕方であると考える。

一方、打突部位は小手・面・胴・突という限られた部位である。単純な竹刀一振りの技を出すのに、どう攻め、どのような機会を捕えて打つのかという、お互いの心理的・技術的なやりとりなど、一つのまとまりのある働きをも含めた内容を、「技」として捉えることができる。

(二)打突の機会と技の選択

単純な竹刀一振りの技の中にも打突の機会は多種多様で無限にある。打突の機会を対敵関係にあるやりとりの流れと、時間経過に沿って整理すると次のようになる。

①相手の動かないところを打つ

相手を出させない、さがらせない、身動きできない、ところまで完全に制圧して打つ。蛇が蛙を睨むような技で、高度な内容を必要とし大変むずかしい。

★相手の構えの変化を捕えて打突する技

↓

②相手の動く兆しを打つ

相手が打って出ようと発意したところ、気の起こり、動く気配や兆しを捕えて打つ。

★出ばな技(出頭技)

↓

《ここまでが上等の技とされ、これ以降は後手にまわってしまう》

↓

③相手の技の初動を打つ

気の起こりは形の変化となって剣先と手元に現われる。初動を見極めてそのまま踏み込んで打つ。

★切り落とし技

←

④相手の技の途中を打つ

相手の打突行動の途中にある不安定なところを打つ。

★抜き技・すり上げ技

←

⑤相手の技の終末局面を打つ

相手の技がきまろうとする刹那（相手が「打てた！」と思う刹那）を打つ。

★返し技

←

⑥相手の技が尽きたところを打つ

技として相手の気勢・剣勢・体勢が尽きたところを確かに外して打つ。

★打ち落とし技

このようにお互いの心気のやりとり、間合のとり方、機会の移り変わりなどが複雑に絡み合って技が発動される。打突する部位は小手・面・胴・突であるが、「部位を打つ」ことはお互いのやりとりの流れからくる結果である。技を考える場合は相対関係における心気のやりとりや、一連の打突行動の流れと時間経過を踏まえて「機会を打つ」という考え方が成立する。打つ機会を逸した時には再びこの機会は戻ってこない。改めて機会を求めなければならない。

(三)技の発動

技を発動する場合の根本的な考え方は「捨て身で打つ」ことである。捨て身で打つ前提になっているのが、「立ち合いにおける心気力一致」である。さらに、捨て身で打つことによって自然発生的に残心の局面へつながって行く。

相手と向かい合って勝ち負けの利害を捨て去り、「打たれに行く」ことを覚悟して(犬死にではない)、捨て身で打ち込んで行けるような修錬をすることが大切である。また、理想的な技の発動を例えて、「睡中に痒《かゆ》きをなづ」ということがある。睡眠中であっても痒いところがあれば意図しなくとも手が痒い箇所に伸びて掻く。同様にして技の発動も、知覚・思慮分別・判断→意志の決行→技の発動、という三つを一致活動させることである。こうしたことは厳しい稽古の積み重ねによって実現が期待される。

(四)技の分類

技を相対的な現象結果として、しかけ技と応じ技に分類し、技の手法や仕方に着目して整理すると次のようになる。

①しかけていく技

ア、相手の構えの変化を捕えて打突する技

イ、二・三段の技(連続技)

ウ、出ばな技(出頭技)

エ、払い技

オ、退き技

カ、その他の技

(a)かつぎ技

(b)捲き技

(c)張り技

(d)片手技

②応じていく技

ア、抜き技
イ、すり上げ技
ウ、返し技
エ、打ち落とし技
オ、その他の技

九、太刀筋

竹刀は相手に対して三百六十度、どの方向から自由に振りまわしてもかまわない。しかし、刀を使った場合には実際に切れる(竹刀は刀の観念で使う)ということと、現代剣道では打突部位が決められていることなどから、有効打突に結びつけるための竹刀の動かし方は自ずと限定されてくる。

したがって、次頁の図のように「八方の太刀筋」に集約される。

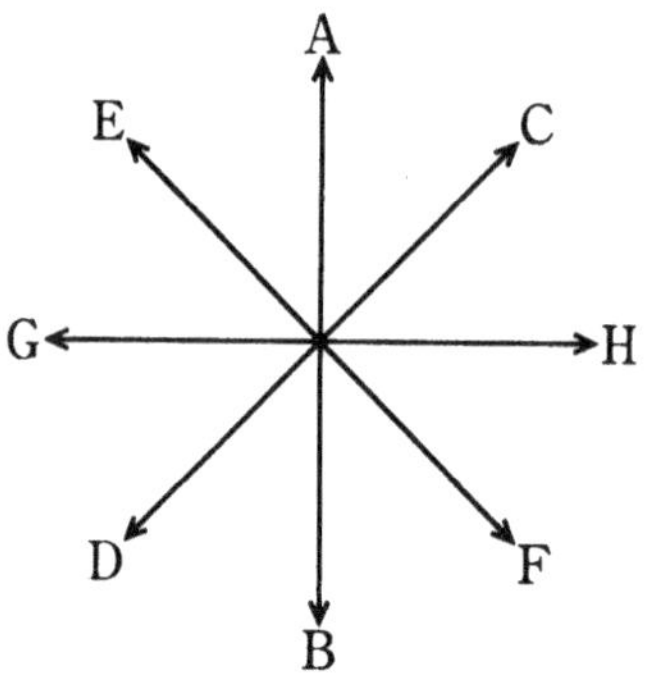

この中で最も多く使われるのが次の三つである。

①A↓B　正面打ち　小手打ち

②C↓D　左面打ち　左胴打ち

③E↓F　右面打ち　右胴打ち

また、G↓H（右胴）とH↓G（左胴）の太刀筋は稀に使われる。なお、現代剣道においては、B↓A（下↓上）の太刀筋とD↓C・F↓E（逆袈裟）の太刀筋は考えられない。

十、有効打突

打突部位・打突部・有効打突については試合規則に明記されている通りである。

規則でいう有効打突は、「充実した気勢」「適正な姿勢」「刃筋の正しい打突」「残心あるもの」という四つの条件であり、これらの条件が瞬間的に一つのまとまりあるものとして発揮されて有効打突となり得る。剣道の技法の特質からして、四つの条件が一つ一つ時を変え場を変えて発揮されるということはあり得ない。

また、有効打突の内容を定量的に計測することは不可能である。試合の勝ち負けは審判という第三者が評価するが、稽古は自己評価と相互評価である。稽古や試合を通じて打突の内容を検証・吟味しながら修錬することが大切である。

以上のようなことを踏まえて、有効打突を質的な面から考える場合に次のようなことが参考になろう。

①充実した気勢

ア、自分の好き勝手に竹刀を振りまわし、これが「打突部位にたまたま偶然に行き当たった結果」

ではない。

イ、気の向き不向きや勝手気ままな技ではなく、攻め合いから「確固とした意志のもとによる気の働き」が根源となって技が発動されていることが必須条件である。

②適正な姿勢

ア、上体と上体の基底部である腰の動的安定感。さらに、腰を支えている左脚の備えが堅固であること。

③正しい刃筋

ア、物理的に考えれば「正確な方向」と「力の集中」であると捉えることができよう。すなわち、「打撃の力が正しい方向に集中している」ことである。

イ、正しい方向

厳密に言えば、打突部位である点Pに対して、「力の方向線」であるA→B線と、点C（峰）→点D（刃）を結ぶ線が同一線上に存在しなければならない。

ウ、力の集中

力の集中とは、円運動をしている竹刀が打突部位に接触した時に、衝撃となる「力の強さ」が物打ちに集中していなければならない。

現代剣道は竹刀を使って打突している。「打撃の力が正しい方向に集中している」ことの直接的な働きとしては手の内があり、さらには、上肢の遣い方や姿勢、下肢の備え等が重要な要素となってくる。

④残心あるもの

残心とは、有効打突後の油断の無い「身構え」「気構え」であって、両者が一つのまとまりとして充実していることである。こうした内実から自ずと現われた形が、剣先を相手に対して備えた対敵の形になる。

十一、残心

残心に関しては多くの教えがあるが、高野佐三郎先生は『剣道』の中で次のように教えておられる。

『残心というは、敵を打ち得たる時も、安心して心を弛め後を顧みざる如きことなく、なお敵に心を残して若し再び敵が業を施さんとするを見れば、直ちに之を制し得るをいう。撃たる後も突きたる後も常に油断なき心を残すをいうなり』

有効打突の後でも油断することなく、相手の変化に対処でき得る心の状態であり、有効打突後の油断のない「身構え」「気構え」である。

また、『心を残さず廃たり廃たりて撃つことも残心という。字義より見れば反対なるごとくなれども実は同一の事を指すなり。心を残さず撃てば心よく残る。全身の気力を傾け尽して少しも心を残さず撃ち込めば、よく再生の力を生ず。心を残さず撃ちて、撃ちたる太刀をそのまま撃ち捨つれば、自然に敵に対して油断なき心が残るなり。心を残さんとする心ありて撃てばすでにそこに心止るが故にかえって隙を生ず。打つ時に心を残して幾分にても疑の心あらば腕も伸びず。太刀に力無く、効を奏すること難し。間髪を容るべからざる妙技を錬磨すること思ひもよらざるなり。心を残さず廃たり廃たりて危き所を勤め、負くる所を練習すればおのづから真の勝を会得し得べし』

全身の気力を尽くして心を残さずに打ち込めば自ずと心は残って、ここから再生の力が生まれるという。心を残そうとすれば残そうとする所に心が止まってしまう。心を残さず捨て身で打ち込むことが次の局面に生きてくる。すなわち、十あるものを十全て出し尽くす。十を出し尽くした後はゼロになるが、このゼロから再生の力である十が生まれるということである。「十－十＝十」であり、一刀流ではこれを「理外の理」と教えている。

残心とは「心を残す」ことを意図した打突行動ではなく、心を残さず捨て身で打ち込むことで「自然に心が残る」ということであるが、自然に残る前提になっているのが捨て身の技であり、さらに、この原点になっているのが「立ち合いにおける心気力一致」である。

有効打突後の油断のない「身構え」「気構え」が残心であるが、「太刀構え」は「身構え」「気構え」の内実に連動・付随して現われるものと考えられる。

残心は「身構え」と「気構え」が基盤になってはいるものの、残心があるか否かを判断しやすいのは、形となって現われている「太刀構え」である。ここが残心の内容を吟味する上で盲点になってしまうこともある。したがって、「太刀構え」の形状だけを見て残心の有る無しを判断することは危険である。

第三章　基本動作

一、基本動作の捉え方

基本動作は、構えや体さばきと竹刀さばきの一体的な遣い方など、最終的に有効打突に結びつけるための打突動作の原理原則である。お互いの攻め合いの流れから、たとえ最善の機会を捕えたとしても、打突の動作が適正でなく、刃筋が正しくなければ有効打突に結びつかないことになる。また、調子が悪く行き詰まった時には「基本に帰れ！」といわれる。基本的な部分に欠陥があると、この部分が全体的な技能向上の妨げになってしまう。

基本動作は、基本のための単なる基本であってはならず、対人技能に発展し得る基本動作であることが要求される。したがって、修錬する過程では、基本動作の内容を一つ一つを輪切りにして、これを寄せ集めたとしても対人技能に結びつきにくい。基本動作の内容を総合的かつ一体的に吟味・点検しながら繰り返し、さらに、段階的に内容の幅を広げ、質的に高めていくような基本動作の修錬でなければならない。

二、中段の構え

中段の構えには、いつでも「攻め→技」にかかっていける気の充実がなければならない。これを技法の面で考えれば、構えにおける「左手握りの納まり」と、機会を捕えたら間髪を容れずに身体と竹刀とを一体的に遣って技が発動できるような、身体各部の体勢が備わっていなければならない。そこで、この項では中段の構えを機能面と形態面から分析的に考察してみる。最終的には「正しい刃筋で打突する」ための内部感覚として検討しながら修得されたい。

(一)足の備え

①左右の足と重心

中段に構えて自由自在に足さばきができるためには、左右の足の備えと重心位置が要点である。さばきやすい足の備えは、左足の爪先と右踵の間隔を、前後左右ともに約十センチメートル程度とり、両足の内側を平行に保つことである。そして、両足の前後左右の中心に重心垂線がくるようにする。

運動とは重心の位置変化である。したがって、足さばきの起始も重心の位置変化に起因していることから、重心垂線が前後左右の中心にあることで、構えからの足さばきが容易になってくる。両足の前後の間隔と左右の間隔が狭いと体勢が不安定になり、逆に広すぎると安定しすぎて即座に動くことができない。

また、修錬の過程にあって、両足の前後左右の間隔を広くして踏ん張っていることが、気を張っているような錯覚を起こしてしまうことがある。これでは居着いてしまって滑らかな足さばきはできない。逆にこれよりも間隔を狭くした場合、心身の備えが不安定になるような錯覚を起こしてしまうことがある。しかし、これを補うのは「錬りによる肚の力」である。安定した足の備えでは動きにくく不安定では闘えない。安定と不安定が同居している足の備えの内部感覚を修得することである。

②左足

左足の備えは、土踏まずの前方、つまり足底母指球及びその左側の一帯の部分で踏むようにする。足首の力を緩めずに踵を心持ち外側に捻りながら下ろし、土踏まずを張るような感じで踏む。こうすることによって膕《ひかがみ》に軽い緊張感が生まれ、腰が前に押し出され、肚に力が入って安定感が出てくる。

逆に踵が上がりすぎて膕が弛んでいたり撞木足では、踏み切りが弱くなったり推進方向が歪んだりして、打ち起こしから打突までの過程で、足が捻れたり腰が開いたりして体勢が崩れてしまう。

こうなると、結果的に左足が跳ね上がったり、右半身が先行した打突になって正しい刃筋の打突は期待できなくなる。もちろん、踵が床について居着いた状態では素早い動作はできない。

左踵・左膕・腰・臍下丹田・頸・顎の備えには相関関係があり、いずれかの備えが崩れると、これに連動して他の備えも崩れてしまう。

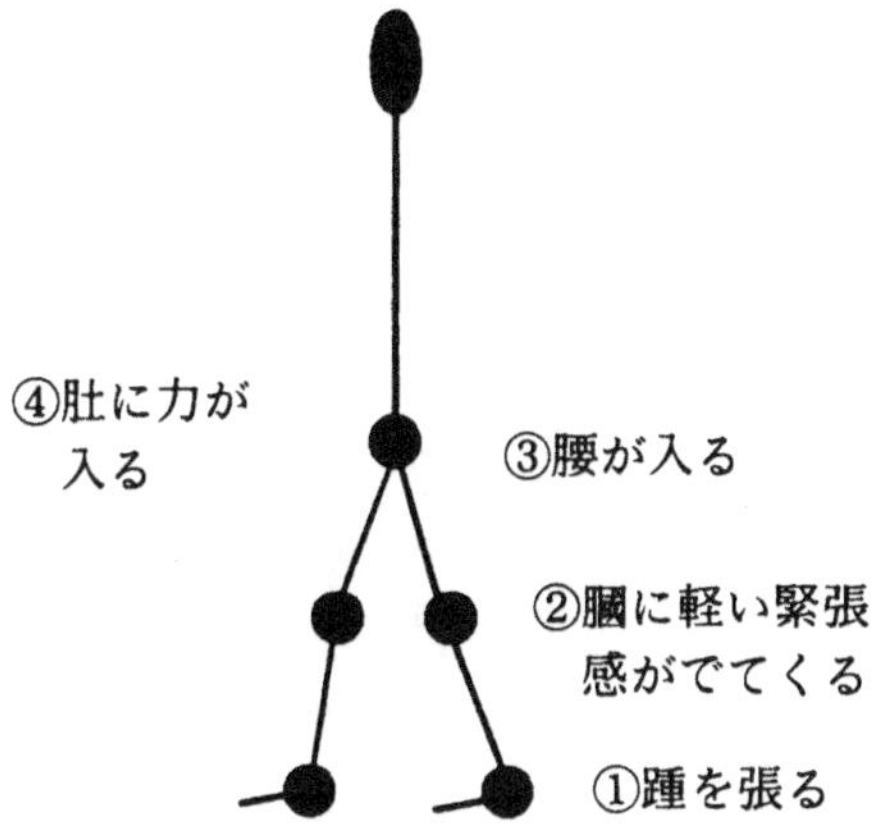

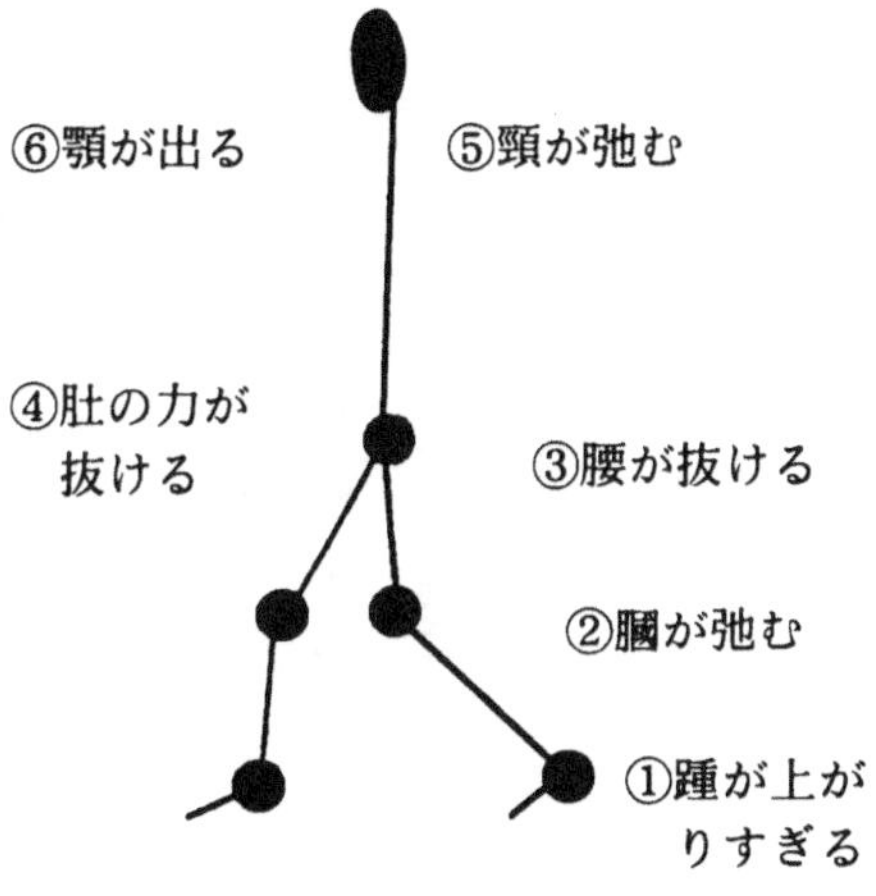

③右足

重心が前に出すぎて右足に体重がかかると、右足で床を踏ん張ってしまい、右足の滑らかな送り出しはできない。そればかりか、右足を踏み込んで打突する際には、つっかえ棒をはずすような足さばきになり、大きく鋭い右足の踏み込みはできなくなってしまう。足さばきを滑らかにするためには、踵を軽く浮かせ、右足を床板に滑らすような遣い方を修得することである。

なお、右足は「攻め足」であり「打突を決断する足」でもある。攻める場合には間合を調整しながら右足を床板に滑らすようにし、「攻め足」から機会を捕えたら踏み込み足に変えていく。

《右足の遣い方》
- 間合を調整しながら攻める　　「攻め足」
- 機会を捕えたら踏み込んで打突する　　「打突を決断する足」

（「攻め足」→「打突を決断する足」）

また、相手を攻めているなかで、もし相手がさがって間合を切ったら左足を右足に引き付ける。結果的に一歩前に出た形になる。

中段の構えにおける右足の備えは、「攻め→打突」の過程にある重要な課題である。

(二)下肢の備え

左膕は張らず弛めず、裏筋に軽い緊張感をもたせることである。これによって機を捕えて即座に動くことができるのである。右足は「攻め足」であることから、特に右膝の力を抜き「サッ」と伸ばす感じを修得することである。

また、下肢の備えについて「陰嚢を内股で包み込む」と教えられるが、これは下肢と腰を安定的に備えることと、足先と膝の向きなどを正しくするための教えである。

(三)体幹の備え

①臀部・腰

腰は身体の中心であり上体の基底部でもある。腰の備えを堅固にすることによって上体が安定する。「尻の穴を締める」という教えがあるが、もし尻の穴が締まっていなければ死人に等しい。尻の穴を締めるためには、臀部の左右のくぼみを恥骨の方向に向かって少し押し出すようにする。こうすることによって、骨盤が持ち上がり腰が入って堅固な備えになる。さらに、左脚の裏筋にも適度な緊張感をみる。腰と臍下丹田は表裏一体の関係にあり、腰が入れば臍下丹田も充実してくる。腰を後から前に押し出そうとする。次に、これをそうはさせまいと下腹の力で前から後ろに押し返す。

いわゆる「腹腔を締める」ことが臍下丹田の充実につながってくる。

以上の説明を手っ取り早く感得するのには次の方法がよい。まず、両足をそろえて踵をいっぱいに上げて爪先立ちになる。そうすると腰の備えが堅固になって下腹も張ってくる。次に、この体勢を保ちつつ、ゆっくりと踵を下ろしながら右足を前に出すと、体幹が堅固に備わったままで構えられる。

②腋・背・胸・肩

腋は心もち締めるようにする。こうすることによって背がまっすぐ伸びて肩が下り、自然と胸が開いてくる。また、腋を心もち締めることによって腕・肘の裏筋が生きて、さらに臍下丹田に気と呼吸を納めることができる。背は意識して伸ばそうとしなくても、腰を入れて腋を心もち締め、胸を開くことによって結果的に伸びてくる。剣道の稽古の時だけ背を伸ばそうと思ってもなかなか伸びるものではなく、かえって一時的な無理が出てしまい弊害となる。日常生活においても剣道との共通課題として留意したい。

肩が上がっていたのでは「丹田息」はできない。肩に力が入ると気と呼吸は臍下丹田まで下りずに気が荒立ち、胸で呼吸をしてしまう。『やくざは肩をいからせて喧嘩をするが、武士《さむらい》は肚で戦《いくさ》をする』といわれたものである。

胸は腰の入り、腋の締め、背の伸び、肩の下りからくる自然の結果として開いてくる。ことさらに胸を開こうとすると胸の外圧によって内圧が押さえられ、かえって呼吸が苦しくなる。内圧が外圧より高くなってはじめて呼吸が楽になる。

(四)頭部の備え

①頸と顎

頸は伸ばして後ろへ軽く引く。これによって顎が引かれて頭部が背骨の上にまっすぐ安定する。目安として顎と喉の間に一本の横筋ができる程度にするとよい。なお、左右の耳たぶを広げるような感覚をつかむことも参考になろう。頸と顎の関係は表裏一体であり、中段の構えや打突動作の全般にわたる合理的な姿勢の維持に重要な働きをなしている。「顎を出す」ということがある。顎が出てしまっては体勢が崩れ、気管が開いて瞬時に多量の呼吸をすることになり、結果的に臍下丹田の力が抜けてしまう。

②口唇と舌

口唇を強く結んでしまうと自然に呼吸ができない。逆に大きく開けた時には瞬時に多量の呼吸をすることになってしまう。息を吐く時は口唇を開きすぎないことが大切である。また、舌先を上歯茎につけると口腔が閉ざされてしまい、鼻で呼吸せざるを得なくなり鼻息が荒くなる。舌先を下歯茎につけて口唇を少し横に広げるようにし、口唇から息を「フー」と細く吐くようにすれば息は長く続く。

「息を吸うところは虚」になるところで動作はできない。「息を吐くところは実」であり、力が充満するところである。口唇と舌は呼吸法と密接な関係があるので、呼吸法と併せて修得することである。

(五)上肢の備え

①竹刀の握り方

左手の小指は柄頭いっぱいに握り、小指・薬指・中指の順に締めながら鶏卵を握る心もちで掌《たなごころ》に納める。親指と人差し指は軽く握る程度にする。逆に、親指と人差し指に力を入れて握ってしまうと、上筋に力が入って滑らかな技の遣い方や冴えた打ちができなくなる。親指を中指の方向に向けると上筋の余分な力が抜けてくる。

さらに、左手親指の第一中指骨関節が臍の延長線上にくるようにし、左拳を下腹から一握り程度前に出し、軽く絞り下げるようにして納める。右手は鍔元を左手と同じ要領で添える感じで握る。

竹刀を上から握ることは鉄則である。両手とも親指と人差し指の分かれ目が竹刀の弦の延長線上（柄の縫い目）にくるようにする。竹刀を横から握ってしまうと肘・手首・手の内の力の関係が不調和になる。その結果、滑らかな技の始動ができなくなり、剣先が意味なく無駄に動いて太刀筋が乱れる。さらに、手の内が効いた正しい刃筋の打突ができなくなってしまう。

②両手の力の配分

構えの右手と左手の力の配分は、技の始動や太刀筋から最終的には刃筋にまで影響してくる。右手は添え手で方向を執る手である。右手に力が入ってしまっては滑らかな技の始動ができなくなるばかりか、かえって大きな起こりとなってしまう。右手を中心にして竹刀を扱うと、体勢が崩れて太刀筋も乱れ、最終的には正しい刃筋の打突ができなくなってしまう。

打突動作の機能としては左右の力を均等に配分し、内部感覚としては臍下丹田に気を納めて、これによって左拳で相手を攻めるように働かせる。

《力の配分》
- 打突動作の機能 → 左右均等にする
- 内部感覚 → 臍下丹田に気を納めて左拳で攻める

③手首・肘・懐

手の甲と前腕との間が手首の関節である。手首の備えが技の始動・技の遣い方や変化・太刀筋や打突などに大きく影響してくる。力を入れて手首に皺《しわ》ができるような握り方をした場合には、剣先が高くなって威力がなくなったり、滑らかな技の始動ができなくなってしまう。手首の関節を伸ばし、手の甲と肘が平らになるようにする。

腋の軽い締めと肩の脱力で、手首と肘の余分な力が抜けて体側に着き、腕と肘の上筋の力が抜けてくる。懐は大きくして、その中に丸い地球儀や達磨を抱くような気分を感得することである。肘を突っ張ったり横に張ったりしたのでは、技の発動が滑らかにできない。

なお、竹刀は実際に手で握っているが、手で握っている感覚から竹刀を肘で持つ感覚に変え、さらに、竹刀を体幹すなわち肚と腰で持つ感覚を修得するとよい。

三、構え方と納め方

(一)構え方

①提げ刀→竹刀を左手に、弦を下にして自然に提げ、お互いに九歩の間合で立ち合う。

②礼→相手の目を注視しながら礼をする。結果的に上体が約十五度傾斜することになる。

③帯刀→親指を鍔にかけながら（「鯉口を切る」所作となる）、竹刀を左腰に執って帯刀する。なお、小手を着けている場合は親指を鍔にかける必要はない。さらに、柄頭を正中線上に位置させ、竹刀は約四十五度傾ける。

④抜刀→帯刀のまま右足から大きく勢いよく進み、三歩目の右足を油断なく出しながら右手で竹刀の鍔元を下から握る。続いて竹刀を上に持ち上げる（刀は下から抜くことはできない）ようにして抜きながら左足を右足に寄せて蹲踞する。

⑤蹲踞→蹲踞しつつ竹刀を抜き合わせ、立ち上がって中段に構える。蹲踞の足の備えは、両踵を上げて右足を前に出して右自然体となる程度に位置し、両脚を約九十度開くようにする。この時、膝頭を腰よりも低く位置させるようにし、両脚を大きく開く。こうすると腰が入って臍下丹田に気力が充実してくる。両脚の開きが少ないと腰が抜け落ちて前かがみになってしまう。さらに、両踵の上に臀部を乗せてバランスをとり、重心を安定させて気力を充実させる。

(二) 納め方

納め方は、おおむね「構え方」の逆の流れになるが、中段の構えから蹲踞して竹刀を上から下に返すようにして左腰に納める。次に、そのまま立ち上がり左足から小さく五歩後ろに油断なくさがり、提刀の後に礼をする。

(三)稽古や試合を中断する場合の納め方と構え方

稽古や試合を中断する場合は、原則として先に述べた納め方に準ずることになる。その要領は立ったまま納め、お互いに五歩さがって礼をする。再開する場合は、お互いに九歩の間合で立ち合って礼をし、三歩進んで立ったまま構える。

四、足さばき

足さばきは相手を攻め込んで打突したり、相手の打突をかわしながら打突するためのもので、具体的なねらいとしては次の三つに整理できる。

①相手との間合を調整するための体の移動。
②相手を打突するための体の移動。
③相手の打突をかわしながら打突するための体の移動。

足さばきには「歩み足」「送り足」「継ぎ足」「開き足」の四つがあるが、いずれの足さばきも「すり足」で行なう。踵を床につけると腰が浮いたり居着いた状態になってしまい、機に応じた素早い動作ができない。さらに、後ろにさがる場合は、踵が床につかないように十分注意しなければならない。

(一)足さばき

①歩み足

前後に遠く速く移動する場合の足さばきである。平常の歩行と同じように右足・左足を交互に出したり退いたりする。

《留意点》

上体や竹刀を動揺させずに体勢を安定させながら移動する。

②送り足

前後・左右・斜め方向に近く速く移動する場合や、一足一刀の間合から打突する場合の足さばきである。前後・左右・斜め方向に移動しようとする方向に近い足をまず踏み出し、後に続く足を素早く送り込むようにして引きつける。

《留意点》

後に続く足の引きつけが遅くなったり、残ったり、正しくない位置に送り込まないようにする。

③継ぎ足

一足一刀の間合よりやや遠い間合から打突する場合の足さばきである。左足を右足に引きつけるや否や、ただちに踏み込んで打つという働きがある。

《留意点》

継ぎ足は攻めの働きをもった足の遣い方である。足を継ぐ際は相手に打ち込む隙を与えないように注意し、左足を引きつけるや否や間髪を容れずに打ち込むようにする。

④開き足

相手の打突に対して間合を調節しながら、かわして打突する足さばきである。右に開く場合は右足を斜め前(後)に開いて左足を右足に引きつける。左に開く場合は左足を斜め前(後)に開いて右足を左足に引きつける。

《留意点》

初めにさばく足は相手に向けながら出し、さばいた後も足・腰・上体を相手に正対させる。

(二)踏み込み足の考察

踏み込み足は、一足一刀の間合から相手を打突するための足の遣い方であり、基本的には「送り足」であって、「送り足の応用」として考えられる。一足一刀の間合から打突するためには、より大きく、より勢いよく、かつ鋭く足をさばく必要がある。右足を踏み込む場合には右足が先に動くが、右足を動かしている背景には左足の堅固な支えがある。左足を堅固に支えたまま左踵骨部で鋭く踏み切り、右足を大きく踏み込むと同時に打突する。なお、袴の裾が大きく開くくらいに右足を大きく、いっぱいに踏み込むことが大切である。このように踏み込むことが体の勢いと技の鋭さになってくる。

右足を踏み込んで打突したら、左足を素早く右足の後ろへ送り込むようにして引きつけ、体勢を立て直して打突を極め、以後、余勢に乗って送り足を進める。送り足を進める歩幅は「一歩・半歩・五分……」と、前の歩幅の半分半分……と狭くして行く(『一歩半五分』)。こうすると、打突後の送り足は四~五歩程度で勢いが納まり、最終的には構えた足の状態になる。なお、この場合、歩幅が前の歩幅の半分ずつ狭くなるにつれて、送り足の速さは小刻みに「スッスッスッ……」と速くなり、以後の相手の変化にも対応できる備えになる。

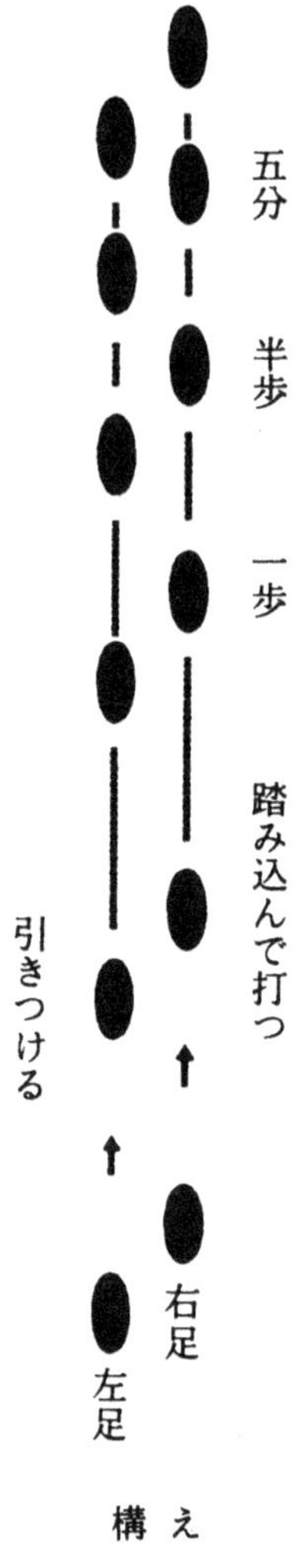

《留意点》

①右足の踏み込みは「打突を決断する足」である。右足を大きく踏み込むことが体の勢いや技の鋭さにつながってくる。大きく鋭く踏み込むようにする。

②右半身の余分な力を抜き、左脚を支軸にして左半身の備えを崩さずに踏み込んで打突する。

③右足を高く上げると腰が折れ、腰が退けて残ってしまうので、右足は必要以上に高く上げないようにする。なお、右足の踏み込み方は、腰の備えと肚の力・呼吸・右手の遣い方などと密接な関係があるので十分に研究することである。

④打突後は左足が残らないように素早く引きつけて体勢を立て直す。この基盤になっているのは、構えや始動の局面における左足の堅固な支えと踏み切りである。左足の堅固な支えと踏み切りによって、踏み切った後はこの反作用で左足が速く引きつけられることになる。

⑤打突後は、油断なく送り足で前の歩幅の半分半分……と歩幅を詰めて行く。こうした油断ない送り足の詰め方が、残心と次の局面における相手の変化に対応できる備えになってくる。

五、素振り

素振りは太刀(木刀や竹刀の総称)さばきの原則的な内容を体得するために大変重要である。特に初歩的な段階では不可欠な内容であり、相当程度の修錬が必要である。具体的には次のような意義・目的がある。

①太刀と身体の一体的な遣い方を体得する。
②打突につながる太刀筋を覚える。
③打突の手の内を覚える。
④足さばきを伴わせて打突の基礎となる内容を体得する。

(一)上下振り

①右足を前に出しながら太刀を大きく振りかぶる。(肩関節の可動範囲を拡げるために、太刀が背

中につくように振りかぶる場合もある）

②左足を右足に引きつけながら太刀を下まで（おおむね仮想した相手の膝頭程度）振り下ろす。

③左足を後ろにさげながら太刀を大きく振りかぶる。続いて右足を左足に引きつけながら太刀を下まで振り下ろす。

④習熟度によって、その場、前進・後退、左右に移動したり、足さばきや太刀を振る速さに変化を加えて実施する。

《留意点》

①姿勢を崩さない。

②足運びは「すり足」で行なう。

③振りかぶる時に竹刀の握り方が変わったり、指が竹刀から離れないようにする。

④両拳が正中線を通るようにし、左右の力が偏らないようにする。

⑤足さばきと太刀の動きを一致させる。特に、先に動かす足の動き始めと太刀の振り上げ始めの時点、足の引きつけ始めと太刀の振り下ろし始めの時点、さらには足の引きつけ終了時点と、太刀の振り下ろし終了時点を一致させる。

⑥後に続く足の引きつけが足りないと体勢が崩れてしまうので、十分に引きつける。

⑦太刀を振り下ろした時に左手の握りが上がって「抜け手」にならないために、左手の握りは軽く内側に絞り下げながら下腹に納める。

(二)斜め振り

足さばきと太刀の一体的な遣い方については上下振りの要領と同じである。

①右足を前に出しながら太刀を大きく振りかぶる。
②左足を右足に引きつけながら、右斜め上から左斜め下の方向へ約四十五度の角度で振り下ろす。
③左足を後ろにさげながら、②で通ってきた太刀筋をたどって大きく振りかぶり、頭の後ろで太刀を左に大きく返す。
④右足を左足に引きつけながら、左斜め上から右斜め下の方向へ約四十五度の角度で振り下ろす。
⑤右足を前に出しながら、④で通ってきた太刀筋を辿って大きく振りかぶり、頭の後ろで太刀を右に大きく返す。
⑥以後これを繰り返す。
⑦習熟度によって、その場、前進・後退、左右に移動したり、足さばきや太刀を振る速さに変化を加えて実施する。

《留意点》

①左手の握りは正中線を上下し、右手で方向を執るようにする。

②振り下ろした剣先は正中線で止まるようにし、上体の向きが変わったり剣先が目標からはずれないようにする。

③振り下ろした刃部は左斜め下・右斜め下の方向を向くように手首を十分に返す。

④「開き足」で斜め振りを行なう場合は、過度に開きすぎて目標を見失わないように注意する。

⑤太刀筋が狂わないようにする。

(三)空間打突

空間打突は相手の打突部位を仮想し、この目標に対して打突の内容を充実させていく方法で、実際の打突に直接結びつく重要な課題である。「上下振り」「斜め振り」から発展させ、実際の打突に結びつくように充実した気勢で声を掛け、手の内をしっかり極めて繰り返し行なう。

①右足を前に出しながら太刀を大きく振りかぶる。

②左足を右足に引きつけながら空間打突を行なう。

③正面と左右面打ちは右手を肩の高さで伸ばし、左手の握りは鳩尾《みずおち》に納めて打つ。

④小手打ちは太刀が床と平行になる程度に打つ。

⑤胴打ちは剣先の高さを水平よりもやや高めにし、左拳を下腹に納めて打つ。

⑥突きは手首を内側に絞り込みながら、後に続く足を十分に引きつけ、腰を入れて肘を伸ばして突く。

《留意点》

①足さばきと太刀の動きを一致させる。特に、先に動かす足の動き始めと太刀の振り上げ始めの時点、足の引きつけ始めと太刀の打ち下ろし始めの時点、足の引きつけ終了時点と打突の時点を一致させる。これを区切りのないように繰り返す。

②後に続く足を素早くかつ鋭く引きつけることと、手の内をしっかり極めることが気剣体一致の打突に結びつくことになる。

③頭や上体を振らないで常に姿勢を正しく保つようにする。

④物打ちに力が集中するように、手の内をしっかり極めて正しい刃筋で打突する。

⑤上体を楽にし肩や腕に余分な力が入らないようにする。

⑥打突の際は右手だけで突っ張らないようにする。

⑦声を掛けながら気力を充実させて打突する。

《註》

素振りを行なう場合に、まず、その場で振りかぶり、次に足をさばきながら太刀を振り下ろす方法もある。この方法は間違いではない。しかし、太刀と身体の一体的な遣い方を修錬したり、素振りの次の段階である踏み込み足による基本打突や、対人技能への移行を考えた場合には、「先に動かす足の動き始めと太刀の振り上げ始めの時点、足の引きつけ始めと太刀の打ち下ろし始めの時点、足の引きつけ終了時点と打突の時点を一致させる」という方法が適当である。

六、打突の基本

上下振り・斜め振りから空間打突に発展し、さらに、一足一刀の間合から踏み込み足によって実際に相手を打突する内容は、基本動作から対人技能に移り変わる変わり目でもある。これは対人技能の基礎、すなわち有効打突のための「打突の基本」であり、対人技能へ移行する山場でもある。したがって、動作そのものは単調であるが、基本打突や打ち込み稽古などによって、いわゆる打ち方を繰り返して鍛練しなければならない。

この過程では、足さばきと竹刀さばきの協応的な遣い方や、打突動作全般にわたる内容を点検・

修正しながら、打突内容の質的な発展を図って体得の度合いを進めて行く。また、最初の段階では「すり足」による打突で打突内容の正確さを体得し、さらに、踏み込み足を遣った打突動作によって、より実戦に即した内容へと段階的に体得の度合いを進めていく。

《考え方》　（原点）　（仮想）　（単独動作）　（実戦）

《技能の流れ》　上下振り・斜め振り ➡ 空間打突 ➡ 基本打突 ➡ 対人技能

《足さばき》　すり足 ➡ すり足から踏み込み足へ移行 ➡ 踏み込み足

《竹刀さばき》　大きく・正確に・ゆっくり ➡ 大きく・正確に・鋭く

(一)打突動作の理論と考察

技法の展開としては、お互いに構えて攻め合い、機会を捕えて有効打突に結びつけ、その後に残心へ流れていくことになる。しかし、いくら打突の好機を捕えて技を発動したとしても、打突動作そのものが適正でなければ有効打突に結びつかない。

主目的は「正しい刃筋で打突する」ことである。この前提になっているのは「途中」の動作の適正さであり、この前段階の「打ち起こし」の円滑さである。そして、円滑な打ち起こしの原点になっているのが構えである。また、打突後は打突を「極める」→「調える」という流れになる。（構え→打ち起こし→途中→打突（主目的）→極める→調える）

①構え

具体的な内容については構えの項を参考にされたい。

②構え→打ち起こし

打ち起こしは、重心が移動し始めて右足が前に出され、これと同時に左手の握りが動き始める。この局面で大切なことは、「右足と左手握りの始動は、左腰の始動とこれを支えている左脚が支軸となって押し出される」ということである。左腰の剣先方向（相手方向）への移動によって重心が前方に移動し始め、これによって右足が滑らかに出始める。こうした左腰の剣先方向への移動と右足の前方への移動を受けて、同時に左手の握りも剣先方向に移動し始める。これらの動作の基盤になっているのは「左脚の堅固な支え」である。

ア、左脚の堅固な支えによる左腰の剣先方向への始動（重心移動の開始）。

イ、右足の滑らかな踏み出しと左手握りの剣先方向への同時的な移動。

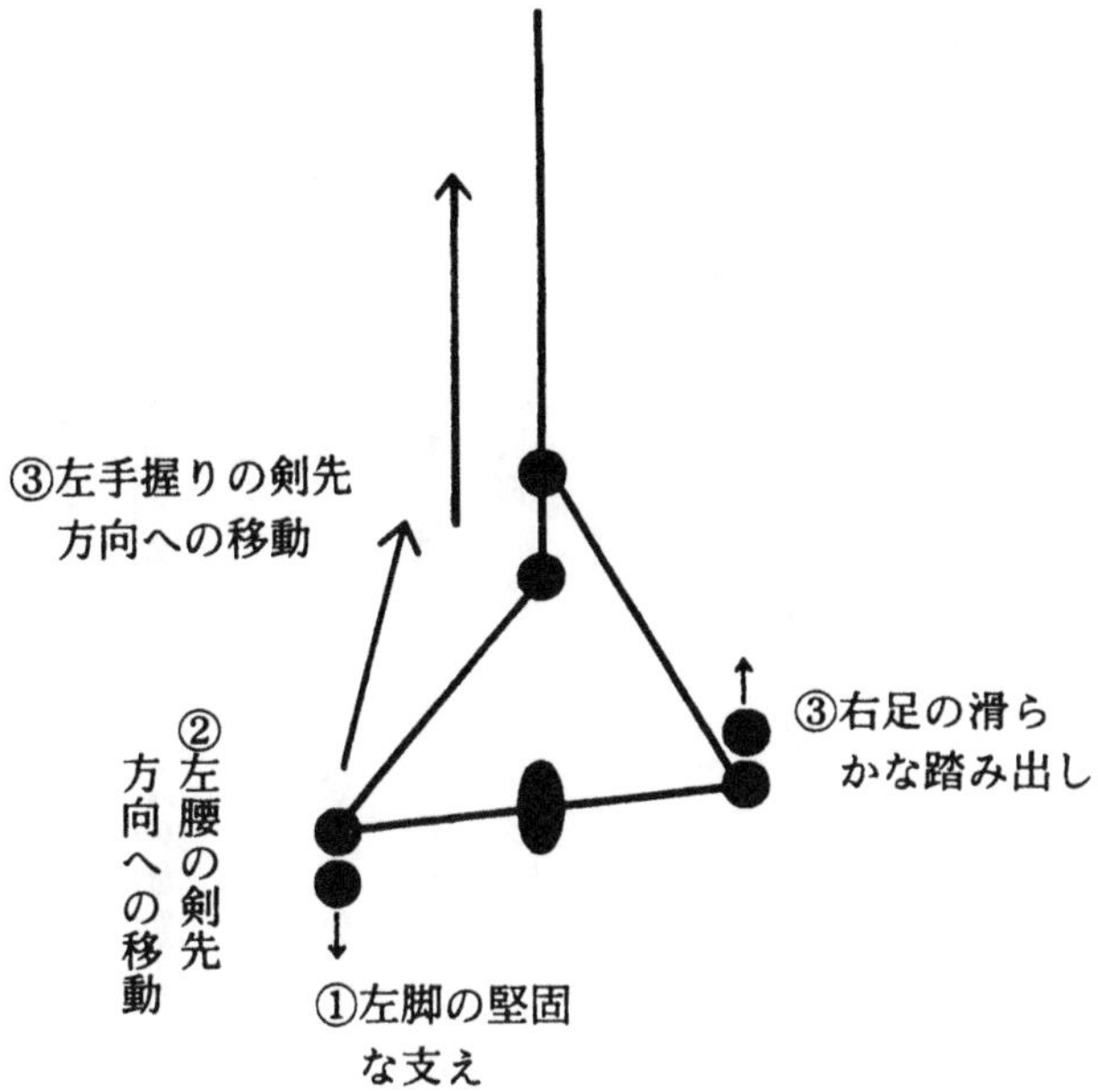
③左手握りの剣先
方向への移動
③右足の滑ら
かな踏み出し
②左腰の剣先
方向への移動
①左脚の堅固
な支え

《考察》

中段の構えは右手右足が前に出ている。この状態から右手右足だけを前に出して打っても体勢が崩れてしまい、正しい刃筋の打突はできない。いわゆる右打ちになってしまう。左腰の剣先方向への始動によって重心の移動が開始され、右足の始動と左手握りの始動が同時になされる。こうした動作は、重心移動の開始による、右足前・左手前という歩行運動に合致するものであり、身体のバランスを保ちながら動作するということになる。なお、左腰と左手握りの剣先方向への移動が、身体の推進力と打撃力を物打ちに統一・集中させることになる。

打ち起こしを円滑にする基盤になっているのは構えである。剣道の打突動作は右手右足を前にして一本の竹刀を左右両方の手で持ち、さらに、静的な納まった状態から、序動も無い自分の身体の内部から打ちを起こさなければならない。ここに剣道の打突動作の困難さがある。そこで、この課題を解く糸口になるのが、人間の運動の原理であるところの重心移動による歩行運動である。

③打ち起こし↓途中

この段階では、打ち起こしから肩・肘・手首の関節を柔らかく遣い、納まった太刀筋のまま次の局面へ進める。

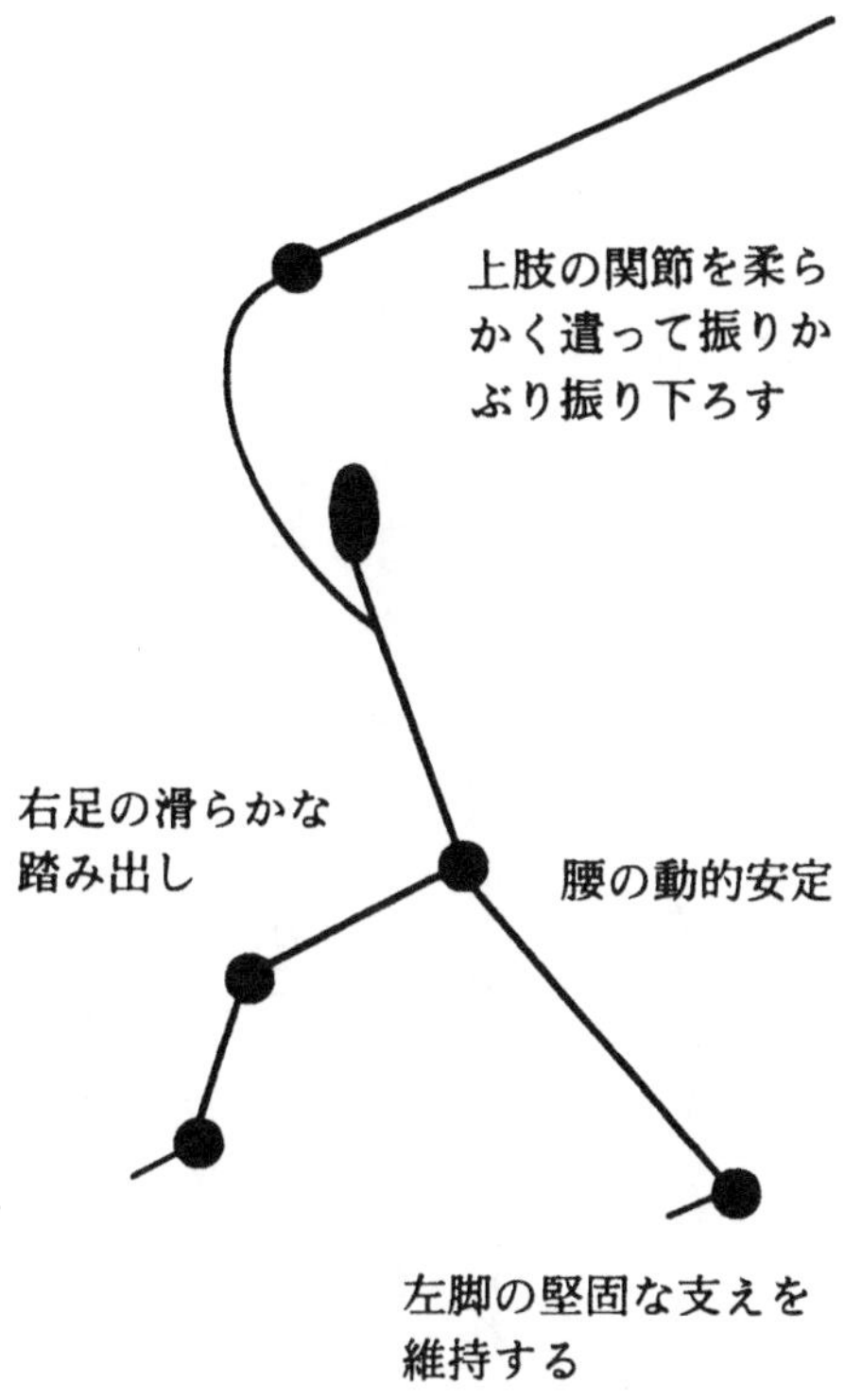

《考察》

打ち起こしから振りかぶって振り下ろす過程では、肩・肘・手首の関節を柔らかく遣うことが要点である。肩・肘・手首の関節を柔らかく遣うことによって、竹刀の振りかぶりと振り下ろしに滑らかさと勢いが出てくる。

打つ動作には「釘を打つ」にしても「太鼓を打つ」にしても、打つ前の序動として振幅が必要である。振幅があることによってはじめて「釘が埋まる」「太鼓の音が出る」という成果が出てくる。剣道も同様にして、打つためには竹刀の振りかぶりと振り下ろしという振幅が必要である。

打ち起こし→途中までの過程では身体は前方に推進されている。それでは、この局面においてどのようにして竹刀を振幅させるか。実戦に即した具体的な動作としては「左拳を剣先方向へ突き出す」ことである。このようにすると竹刀は前上方に振り上げられ、体も竹刀も前方にいる相手に向かって行くようになる。

速く打つために竹刀を手元から打突部位に直線的に動かす、いわゆる「刺し面」のような動作では、打ちが弱く正しい刃筋の打突とはなり得ない。振幅を入れると竹刀の動きが大きくなり、その分だけ遅くなってしまうという考え方もあろうが、これは錯覚である。肩・肘・手首の関節を柔らかく遣い、一拍子で竹刀を振りかぶって振り下ろす打ち方を修得することである。現代剣道は竹刀を振りかぶって振り下ろし、打突部位を「点で打突する」ことである。間合や相対的に複雑な状況によって、瞬間々々に大きく振りかぶったり小さく振りかぶったりして打突するようになる。

④途中→打つ

肩・肘・手首の関節を柔らかく遣うことによって、竹刀に滑らかさと勢いをつけたまま、左脚を堅固に支えながら体勢を崩さずに、右足をいっぱいに踏み込みながら手の内を極めて打突する。

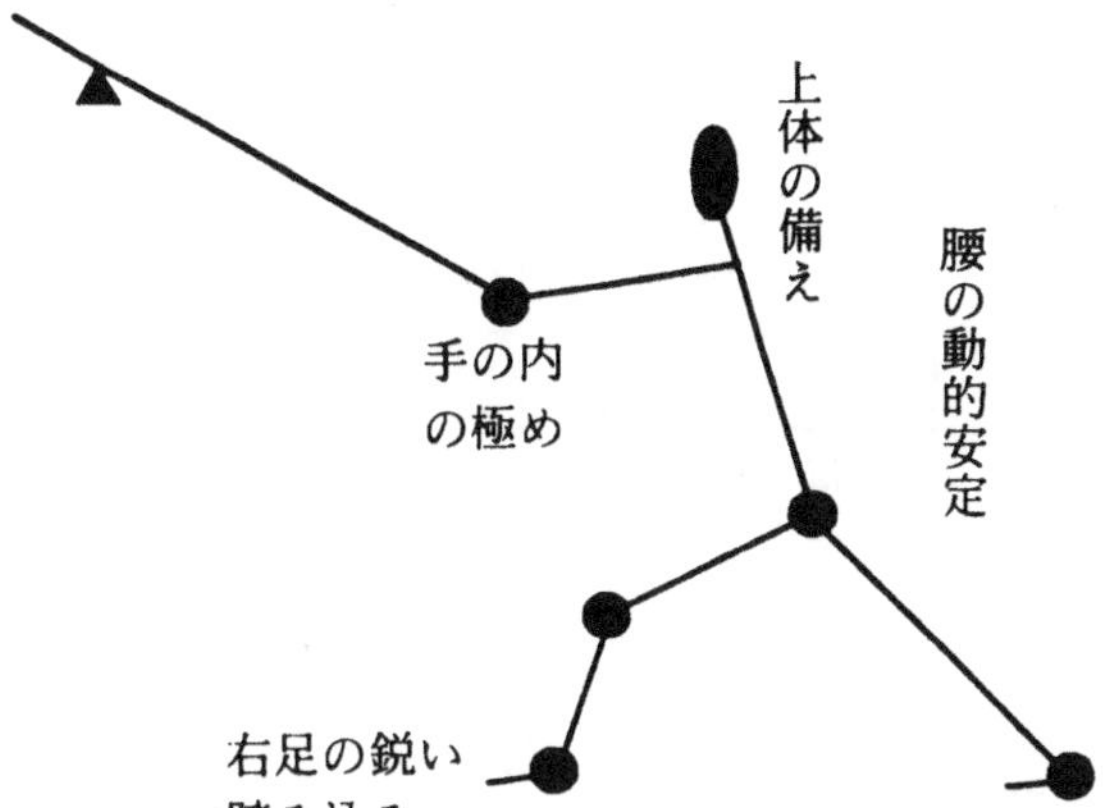

《考察》

剣道で打つということの中には、「意図した働き」がなければならず、当たるということは偶然の結果として「いき当たる」ことにすぎない。打突は「充実した気勢」「適正な姿勢」「正しい刃筋」、すなわち気剣体一致の打突が要求される。さらに、充実した気勢と適正な姿勢とを基調にした、正しい刃筋であることが要点となる。

正しい刃筋で打突するためには直接的には手の内の極めが必要である。これだけではなく、上体の備えと上体の基底部である腰が、動的に安定していることが絶対条件となってくる。そして、腰の動的な安定感の土台となっているのが左足の堅固な支えである。

これらの要点が崩れたときには刃筋は狂ってしまう。特に左足が跳ね上がったり流れたりしたのでは体勢が崩れてしまい、正しい刃筋の打突はできない。右足は「打突を決断する足」であるが、左足は身体を前方に推進させ、打突を根底から支えている「打ち足」である。

⑤打つ→極める

打った「打点」を変えないで、この打点を支点にして左足を引きつけて極める。（左足の引きつけ→腰の引きつけ→上体の立て直し→体勢の立ち直り）

《考察》

「極める」ということは、「打ったという結果を確定的なものにする」ことである。充実した気勢で

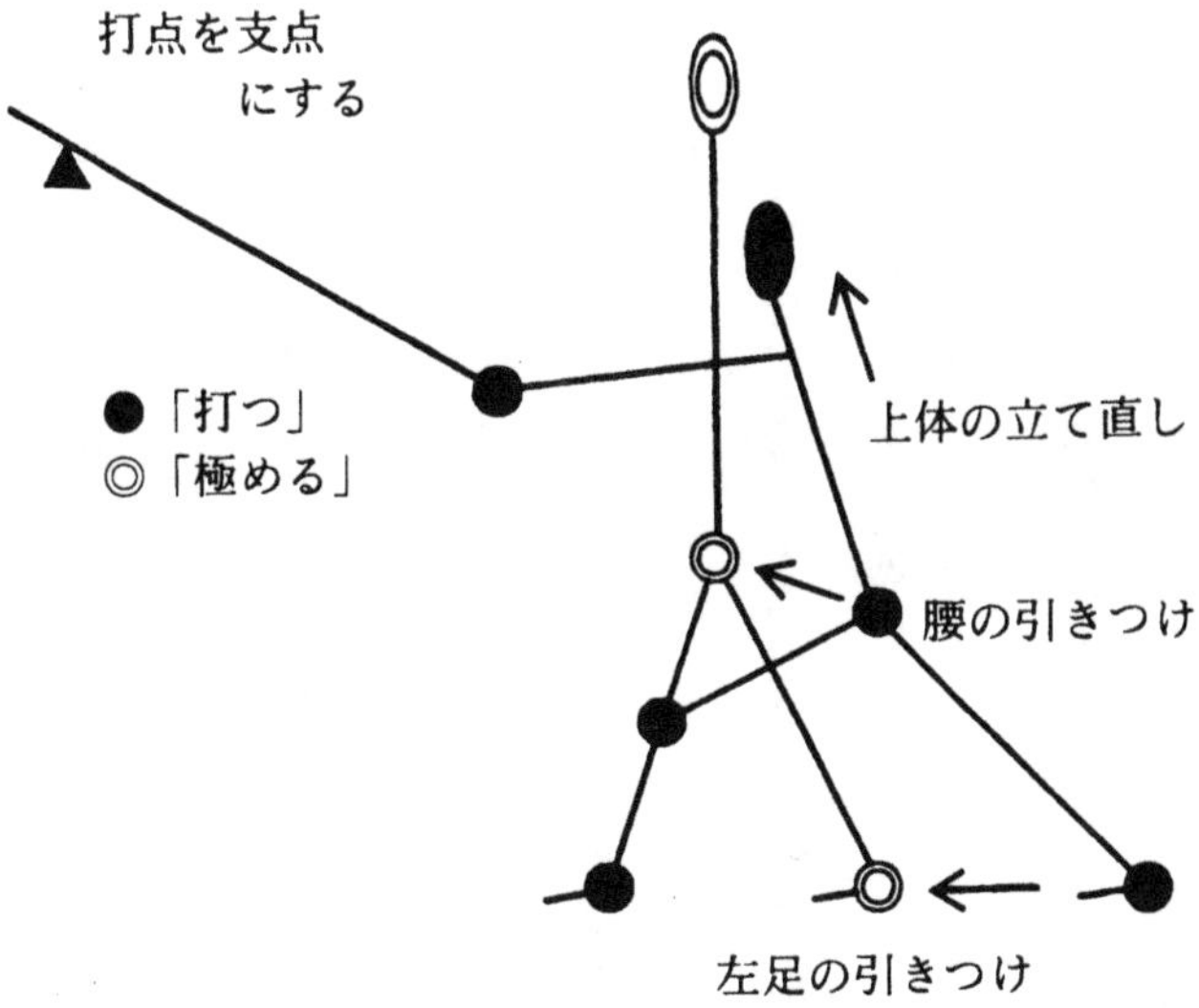

打突した後は気勢が更に膨らみ、打突した結果を確かなものへと結実させる。面打ちの掛け声と息づかいは「メーン」ではなく、「メンー」という掛け声と「留め息」である。そして、「メンー」の「メ」は打つ局面であり、「メンー」の「ン」は打点を支点にして、左足の引きつけ↓腰の引きつけ↓上体の立て直し↓体勢を立て直すという「極める」局面である。こうした「留め息」による左足の引きつけと体勢の立て直しがあってはじめて、一本の打ちとして結実するのである。

左足の引きつけと「極め」は表裏一体の関係にある。左足が残って上体の立て直しができなかったり、左足が跳ね上がったりしていたのでは「極め」ができていないということになる。左足を床にすり込むようにして素早く引きつけて「極める」ことである。打突に「極め」があると否とでは、技や打突の質、打突の余韻(響き)、剣道の重みなどに大きな違いが出てくる。

⑥極める↓調える

「調える」ということは、「構え↓攻め合い↓打つ↓極める」という一連の働きに要した「気」「剣」「体」を普段の状態に戻すことである。

《考察》

今までの後始末をして次の局面に備えることになる。

気↓一連の働きに要した気の激しさや勢いなどを納めて鎮静させる。

剣→気と体に併せて剣を納める。

体→勢いに任せた身体の動きを納めて体勢を調える。

また、「調える」ということは、一面では気と剣と体の三つの要素を一つに調和させるということにもなる。

「調える」局面における足さばきは送り足を繰り返すことである。送り足を繰り返す場合の歩幅は、最初の歩幅から一歩・半歩・五分……と前の歩幅の半分半分……と狭くなっていく（『一歩半五分』）。そうすると、おおむね四〜五歩で送り足は止まり、最終的には構えた足の状態に納まる。この過程では、歩幅が半分ずつ狭くなるにつれて、足さばきはスッスッ……と小刻みな速い足さばきになる。こうした足さばきが、打突後も相手の変化に対応できる油断のない「身構え」「気構え」となり、残心に包含されるものである。
⑦上肢の働きと「手の内」の考察
「打つ」ということは、「釘を打つ」にしても「太鼓を打つ」にしても、その成果を出すためには打つ前の序動である振幅と、打つ瞬間には打つ方向に力が集中していることが必要である。剣道の打突動作で考えると、振幅は振りかぶり振り下ろしである。打つ方向に力を集中させるための働きは、上肢による振り下ろしと「手の内」の遣い方である。竹刀を握っている手の内の遣い方は、正しい

刃筋で打突するための直接的な最終課題となってくる。一般的に修錬の度合いが進むにつれて、竹刀の遣い方は大きく強くという質から、小さく鋭くという質に変化していく。修錬を積み重ねて手の内が効いてくれば、振幅の度合いが少なくても、正しい刃筋で鋭く冴えた打突ができるようになってくる。

また、乱れの無い太刀筋であるためには、左右の腕や肘の力の使い方に偏りがあってはならないと同時に、余分な力を抜いて柔らかく遣うことが大切である。

振り下ろしの過程では、竹刀の回転軸は肩↓肘↓手首と中枢から末端へと移行し、力も中枢から末端へ伝導されていく。そして、力が手の内に移り、掌《たなごころ》による柄頭の支えと小指・薬指・中指の締めが瞬間的に働き、これによって物打ちに加速がついて鋭い冴えた打突になってくる。

打突した時に手首に力が入り、手首の関節が折れ曲がって皺《しわ》ができるようでは、力は手首の関節で止まってしまって物打ちに伝わらない。この手はいわゆる「立ち手」といわれ、冴えた打ちにはなり得ない。また、打突した時に手のひらが横を向いたり、上を向いて力が抜けている状態は、「抜け手」といわれる。これでは打突部位に竹刀をただ乗せただけで有効打突にはならない。下筋(裏筋)を遣って小指・薬指・中指を瞬間的に締めて打つことが大切である。

『常静子剣談』に、『打ちの中の手をいわば、柄の向うへ挺《ぬ》け出るを、当たる時に握りて留めるこころなり』とある。
剣道の技法の中で一番むずかしいのは呼吸と手の内であろう。

(二)面(正面・左右面)

①正面
右足を踏み込みながら竹刀を振りかぶって正面を打つ。
②左右面
右足を踏み込みながら竹刀を振りかぶり、約四十五度の角度から左右面を打つ。
《留意点》
①足さばきと竹刀さばきを協応的に遣い、振りかぶり→振り下ろし→打ちが一拍子になるようにする。
②正面打ちは振りかぶり→振り下ろし→打ちの過程で、剣先と左右の拳が正中線上を通るようにする。
③左右面打ちは手を返して正しい刃筋で打つようにする。特に左拳が正中線から外れないようにする。

④右手を主にして振りかぶると、この反動で右手中心の打ちになって体勢が崩れ、結果的には刃筋が狂ったり手打ちになってしまう。「左手で打ちを起こす」ようにする。

⑤打つ時は上体を反らせて腕を突っ張ったり、腰を退いて前傾したりしない。また、左拳は鳩尾《みずおち》に納め、手の内をしっかり極めて打つ。

⑥左足は跳ね上げたり残したりせず、床にすり込むようにして素早く引きつける。

⑦打った後は上肢を脱力させる。そうすると結果的には剣先が自然と打突部位から約十センチメートル程度上がることになる。脱力がないと竹刀を持ち上げて「バンザイ」をした格好になったり、逆に竹刀で相手を押さえつけたりして、次の対応が遅れてしまう。

⑧打った後は上肢を脱力させ、隙があったら打ち込めるように油断することなく、「左拳で相手の中心を攻め込む気分」で一歩・半歩・五分……と送り足を進める。

(三) 小手

右足を踏み込みながら、両肘の間から相手の右小手が見える程度に竹刀を振りかぶって右小手を打つ。

《留意点》

①目付けは相手の小手のみを注視しない。
②原則として小手打ちは相手の竹刀を上から越して打つ。
③面打ちよりも振幅が小さいので、これを補うために右足を鋭く踏み込み、手の内を効かせて打つようにする。
④打った後に左足が残ると、ちょうど相手が打ちやすい間合で止まってしまったり、体勢が調わずに次の対応ができなくなる。打った後は素早く左足を引きつけて相手の手元に「付け入る」ようにする。
⑤打った後は上肢を脱力させる。そうすると剣先は自然と相手の小手から胸を通って喉元に付く。同時に左足を素早く引きつけて相手の手元に身体を寄せる。こうしたことが打突後の油断のない対応となり、次の局面に備えることとなる。

(四)胴

右足を踏み込みながら竹刀を振りかぶり、頭上で手を返して右胴を打つ。

なお、右胴は「本胴」、左胴は「逆胴」であり、相手の構えや変化の仕方によって左胴(逆胴)を打つことも考えられるが、これは特別な場合に限定される。また、胴技は相手の出様によって「応変」して遣う技である。したがって、自分から仕かけて胴を打つことは特別な場合である。

《留意点》

①目付けは相手の胴のみを注視しない。

②上肢の関節を柔らかく遣いながら手首を十分返して打つようにする。

③左右の肘を十分に伸ばして打ち、右手だけで打ったり、斜め下からすくい上げるようにして打たない。

④打つ時に腰が退けると、姿勢が崩れて相手の観察がむずかしくなったり、次の対応ができなくなってしまう。

⑤打つ時は左拳を中心から外さずに下腹に納め、手の内をしっかり極めて打つ。

⑥打った後は相手の左側に抜ける場合と右側に抜ける場合とがある。胴打ちは「相手を輪切りにする」ことが基本である。したがって、原則的には相手の左側に抜けるようにする。抜ける場合には自分の肩と相手の肩がすれ違う程度の方向に足をさばき、過度に右に開かないようにする。

⑦すれ違う際は手首の力を抜きながら左拳を右拳に寄せるようにする。

（五）突

①諸手突

右足を踏み込みながら両手の手の内を内側に絞り込み、両肘を伸ばして突く。

②片手突

右足を踏み込みながら左手の手の内を内側に絞り込み、同時に右手を右腰に引きつけながら肘を伸ばして突く。

《留意点》

①相手に正対して足と腰を前に出して突くようにし、腰を退いたり腕だけ伸ばして突かないようにする。

②突く時は左拳が上がったり正中線から外れたりしないようにする。

③片手突の場合は、身体のバランスを保つために右手を素早く右腰に引きつける。

④突いた後はただちに中段の構えになる。

⑤突は一点の部位を瞬間的に突くのであって、相手の喉元にねじこむような突き方であってはならない。突がよく極まればその反作用として剣先は素早く元へ戻るものである。

七、体当たり

体当たりは打突後の余勢で自分の身体を相手の身体にぶっつけ当て、重心を動揺させることによって、相手の気勢を挫いたり相手の備えを崩したりして打突するためのものである。したがって、打突を伴うことが必要であり、打突の伴わない体当たりは不法である。

(一)体当たりの仕方

①打突後の余勢で間合が詰まり相手に接触した瞬間、自分の身体を相手の身体にぶっつけ当てる。

②相手の気勢が挫けたり備えの崩れたところをすかさず打突する。

《留意点》

①手先だけでなく腰を中心にして全力で当たる。特に左足の素早い引きつけによって腰を中心とした当たりに勢いと力が出てくる。

②頭を下げて突っ込んだり腰を退いて手だけで押したりせず、手元を下腹部に納めて、腰を据えて当たる。

③体当たりした後は相手がさがれば追い込んで打つ。体当たりをしても相手が崩れない場合や相手が押し返した時などは、相手の押す力を利用しながら身体を左右にかわして相手の備えを崩すのも効果的である。

(二)体当たりの受け方

相手が当たって来るのに対して、「すり足」で右足を軽く一歩前に踏み出しながら下腹に力を入れて手元を下げ、左足を鋭く引きつけて腰を据えて受ける。

《留意点》

①その場で受けたり退きながら受けたりしない。

②手先だけでなく手元を下げ腰を据えて受ける。

③受ける時に左踵が床に付くと体勢が崩れてしまう。左踵を上げたまましっかりと踏ん張って受ける。

④相手の出てくる勢いや当たるタイミング等を見極め、「すり足」で右足を軽く一歩前に踏み出しながら、当たる瞬間に左足を鋭く引きつけて腰を据えて受ける。

八、鍔ぜり合い

鍔ぜり合いは、攻め合いや打ち合いの流れから間合がいっぱいに詰まり、お互いが接近して鍔と鍔が競り合った大変緊迫した状況である。

間合という観点から考えれば、間合には「遠い間合」「一足一刀の間合」「近い間合」の三つの間合があるが、鍔ぜり合いは「近い間合」よりもさらに接近した「最も近い間合」であると捉えることができる。

(一)鍔ぜり合いの仕方

自分の竹刀をやや右側に傾け、肘を軽く伸ばしてお互いの鍔と鍔が合うように手元を下げ、下腹に力を入れて自分の体勢を確実に保つようにする。この状態から種々の変化を求めて打突の機会をつくることになる。

《留意点》

①鍔ぜり合いは間合がいっぱいに詰まった大変緊迫した状況である。ここから積極的に打突の機会

を求めるようにする。

②相手の肩や首に竹刀を押しつけたり、故意に相手の動きを封じ込めたり、逆交叉をしない。

③首をまっすぐに保ち、手元を下げて下腹に力を入れ、腰を伸ばして相手に正対する。

九、切り返し

(一)切り返しの意義・効果

切り返しは正面打ちと連続左右面打ちを組み合わせたもので、基本動作の内容を対人的な関係の中で総合的に修得する稽古法である。また、切り返しは悪癖の矯正や基本動作の修正のためにも有効であり、技能の向上にとって欠かせない大切な稽古法である。

切り返しの主なねらいは次のように整理できる。

①姿勢と構え方

②間合のとり方

③足のさばき方

④振りかぶり振り下ろしの動作による上肢の遣い方

⑤足さばきと竹刀の一体的な遣い方
⑥正しい太刀筋の修得
⑦手の内の極めと脱力の仕方
⑧手の返し方
⑨呼吸法
⑩残心の在り方

(二)切り返しの仕方
①中段に構える
②一足一刀の間合から正面を打つ
③左面から連続して左右面を打つ（前進四本　後退五本）
④中段に構える
⑤一足一刀の間合から正面を打つ
《ここまでを一回とし、通常はこれをもう一回繰り返す》
⑥左面から連続して左右面を打つ（前進四本　後退五本）

⑦中段に構える
⑧一足一刀の間合から正面を打つ
⑨残心をとる

《留意点》

①正しい構えをとり、最後まで姿勢を崩さないようにする。
②動作は「大きく」「正確に」から、習熟の度合いが進むにつれて、正確にかつ「大(きく)」「強(く)」「速(く)」「軽(やかに)」できるようにする。
③肩や上肢の関節を柔らかく遣う。振りかぶり振り下ろしの動作による上肢の遣い方や、正しい太刀筋を身に付けるためにも、左手の握りを頭上まで上げて大きく振りかぶる。
④左右面打ちは約四十五度の角度から手首を返して振り下ろし、正しい刃筋で打つようにする。
⑤左右面打ちは、受ける側の竹刀をめがけて打ったり空間打ちにならないようにし、物打ちで左右面を正確に打つようにする。
⑥左拳は正中線上を上下に移動する形となり、打つ時には左手の握りを鳩尾《みずおち》に納める。
⑦前進・後退の足さばきは送り足を正確に遣うようにする。特に四歩前進して、その後に後退する変わり目の時に足さばきが乱れないようにする。そのためには、前進から後退に変わる一歩目の

左足を大きく後ろに退くとよい。

⑧後退の際の足さばきが歩み足にならないためにも、左足の退き足を大きくする。

⑨膝の屈伸を使って身体を上下動させたり、腰や頭の動きを使って調子をとったりして打突しない。

⑩正面打ちの後に息継ぎができるようにする。

(三)切り返しの受け方

切り返しを受ける者は、切り返しを実施する者の単なる打ち込み台ではなく、切り返しを実施する者の技能を向上させる「引き立て役」でもある。したがって、切り返しを受ける者は「指導者的な立場」にあるということを十分認識しなければならない。こうしたことを踏まえて、具体的には次の点に留意して受けるようにする。切り返しの受け方には、切り返しを実施する者の打ちを「引き込む」受け方と、「打ち落とす」受け方の二通りがある。

①引き込む受け方

この受け方は、切り返しを実施する者の打ちを素直に伸ばすことがねらいで、特に初心者などの打ちを受ける場合に用いられる方法である。竹刀を垂直に立てて、両拳を身体の中心から左または右に引き寄せながら、左右面打ちの竹刀を自分の方に引き込むようにして受ける。これによって、切り返しを実施する者は、伸びのある打ちや「手の内」を修得することができる。

②打ち落とす受け方

この受け方は、打つ瞬間の手の内や、打ち落とされることによる脱力と上肢の遣い方などを修得させるねらいがあり、ある程度の技能を身に付けた者などの打ちを受ける場合に用いられる方法である。竹刀を左または右斜め前に出しながら、左右面打ちを迎えて打ち落とすように受ける。これによって切り返しを実施する者は、打つ「手の内」と打ち落とされた後の上肢の脱力や手の返しを体得していくことになる。しかし、あまり強く打ち落としてしまったり早く打ち落としてしまっては、切り返しを実施する者の打ちを殺してしまうので注意する必要がある。

「引き込む」「打ち落とす」いずれの受け方にしても、切り返しを実施する者の打ちを受ける瞬間には手の内を効かせることが大切である。

《留意点》

①合気になって相手を引き立てるように受ける。

②正面打ちは、一足一刀の間合から剣先が少し開く程度にして受ける。

③連続左右面を受ける際は「歩み足」で受け（受ける側の足が後ろになる）、実際に左右面が打てるように、切り返しを実施する者との間合や、勢いとタイミングを見極めて受ける。

④竹刀を垂直に立てて物打ちの鎬を使って受ける。この場合、左拳はおおむね腰の高さに位置させ、手元が上がらないように注意する。
⑤錬成の度合いを考慮しながら、切り返しを実施する者が前進する時は引き込むように、さがる時は押しやるような気分で受ける。こうすることによって、切り返しを実施する者の足さばきや打ちの勢いに変化が出て効果があがる。
⑥最後の正面を打たせた後はすぐに体をさばかずに、二・三歩まっすぐに退がることによって切り返しを実施する者をまっすぐ出させ、その後に体を右にさばくようにする。

第四章　技の基本

技は「しかけていく技」と「応じていく技」との二つの系統に分類できる。しかけていく技は、自分からしかけていく技であり、応じていく技は、「相手のしかけてくる技に対して応じながら変化するなかで出す技」である。しかけていく技と応じていく技を分類すると次のようになる。

技

- しかけていく技
  - ①攻めによる相手の構えの変化を捕えて打突する技
  - ②二・三段の技（連続技）
  - ③払い技
  - ④出ばな技（出頭技）
  - ⑤退き技
  - ⑥その他のしかけていく技
    - (a)かつぎ技
    - (b)捲き技
    - (c)張り技
    - (d)片手技
- 応じていく技
  - ①抜き技
  - ②すり上げ技
  - ③返し技
  - ④打ち落とし技
  - ⑤その他の技

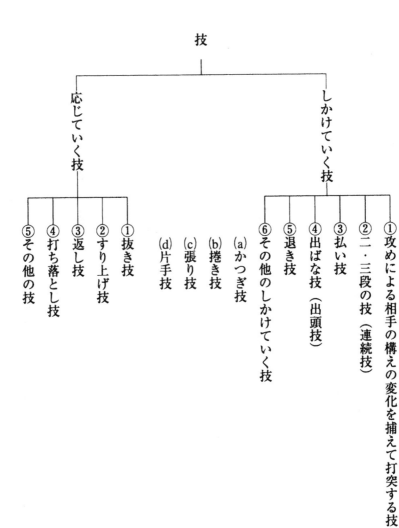

お互いの複雑なやりとりの中から的確に技を発現するためには、まず体さばきと竹刀さばきの原理・原則を体得しなければならない。この原理・原則は「技の基本」である。原理・原則を体得しておけば、あとは間合と機会の捕え方や、相手の出様と変化などによって技を遣うことになる。こうして修錬を重ねていくにつれて技の遣い方に幅が出てくる。

ここでは体さばきと竹刀さばきの原理・原則、および実際の場面に即した技や代表的な技を例にあげる。

《しかけていく技》

一、攻めによる相手の構えの変化を捕えて打突する技

この技は、攻めによって相手の剣先が「下がる」「上がる」「開く」「手元が浮く」という、相手の構えの変化を捕えて打突する技である。相手の目を見ることはもちろん、全体を見るなかで相手の身体の動きや構えの変化を捕えて、攻めからそのまま踏み込んで打突する。

(一)変化の求め方と技の遣い方

①変化の求め方

変化とは攻めによってできる相手の構えの崩れであり隙である。攻めは「気で先をとる」「中心をとる」「有利な間合を展開する」ことに集約されるが、基本的には「相手の中心に割り込んで崩す」という、主体的・積極的な気の働きが基盤となってくる。このような気の働きと剣先の中心への攻め崩し、間合のやりとりなどから相手の変化を求めることになる。なお、ここでいう攻めるということは、「狙う」とか「誘う」というような術策ではない。

中段に構えたときには、いつでも「攻め→打突」に出て行ける気の働きと体勢が備わっていることが要点であり、特に左手の握りにその働きが期待される。攻める場合は手先だけで中心をとったり、上肢に余分な力が入ったりしないようにして、「肚を据えて」左手の握りをしっかりと納めたまま「間を詰める」ことである。

②「攻める→変化を捕える→打突する」遣い方

攻めによる相手の構えの変化と、これによってできる隙(打突部位)は次のように整理される。

攻める

《相手の構えの変化》	《打突部位》
剣先が下がる	面・突
剣先が上がる	小手
剣先が開く	面・小手・突
手元が浮く	胴

攻めによって相手の構えの変化を捕えたら、そのまま踏み込んで打突する。攻めから打ち込む過程では、自分の胸板で相手の竹刀を「へし折る」くらいの気迫が必要である。

こうした流れの中では、右足の遣い方も重要な課題になってくる。右足は「攻め足」であるとともに、機会を捕えたら「打突を決断する足」でもある。いつでも打って行けるように左足を堅固に備え、右足を床に滑らすように中心を攻め崩しながら、間合の調整と打突の機会を求める。機会を捕えたらそのまま右足を踏み込んで打突する。

このようにして、右足の遣い方は攻めから決断の足に移り変わるのである。いわゆる「攻めから打突への連動」である。仮に攻めている途中で相手が打って来たとしても、右足を滑らかに遣って

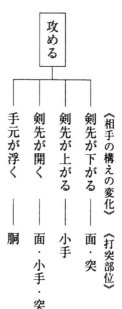

いれば、ここから足をさばいて応じながら変化する中で技を遣うことになる。また、攻めている途中で相手がさがって間合を切ろうとしたら、すかさず左足を継ぐ。ここからは場の状況によって、継いだら打突するか、再び攻めるかの展開になってくる。

(二)技

①面技

相手の剣先が下がる・開く機会を捕えて正面を打つ。

②小手技

相手の剣先が上がる機会を捕えて小手を打つ。

小手打ちは相手の竹刀を上から越して打つことが原則である。しかし、相手の剣先が過度に上がったり開いたりしたら、形として相手の竹刀の下から打ったことになる場合もある。

③胴技

相手の手元が浮いた機会を捕えて右胴を打つ。

④突技

相手の剣先が下がる・開く機会を捕えて突を突く。

《留意点》

①相手の構えの変化を求めながら攻め崩し、捨て身で打突することが大切である。

②相手の構えが変化したところを捕えて打突することが常道である。構えが崩れていないのに左胴(逆胴)を打つことは常道ではない。

二、二・三段の技(連続技)

この技には次のような二つの考え方がある。

①最初の部位を全力で打突し、この打突が不十分であったり相手が防いだりしたら、すかさず空いている部位を打突する。

②最初の打突で相手の意識をその部位に引きつけ、その変化で空いた他の部位を打突する。

(一)連続の打突と技の遣い方

二・三段の技(連続技)には二つの考え方があるにせよ、いずれにしても一本一本の打突に全力を注ぎ、技が決まるまで連続して打突することが大切である。連続して打突する過程で、自分がしかけた技の成否と、相手の変化や機会を見極めて技を遣うことが大切になる。ただ単に一定のテンポで打突するというのではなく、間合の違いによって足のさばき方や技の出し方に違いが出てくる。

また、太刀筋の流れとしては、縦筋の打ち(面・小手)から横筋の打ち(胴)に変化することは容易であるが、その逆の流れ、すなわち、横筋から縦筋の打ちに変化することは竹刀の動きが大きくなり、竹刀さばきがむずかしくなるので好ましくない。

(二)技

《小手からの連続技》

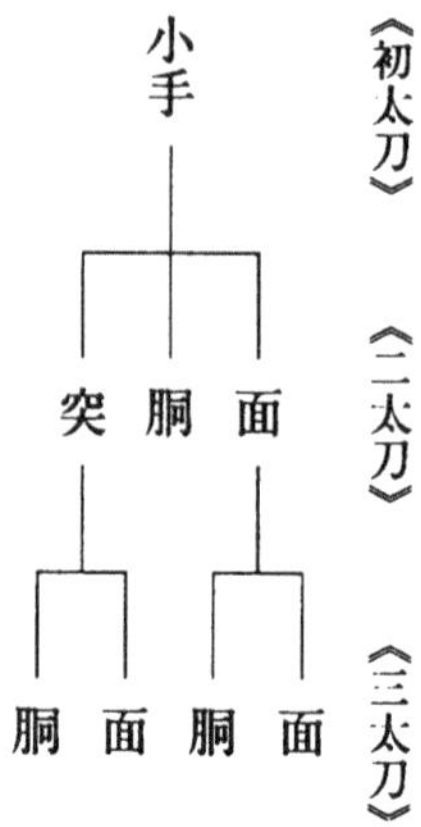

①小手↓面

機を見て右小手を打つ。相手が退きながら手元を下げたり、剣先を開いて小手を防いだら面を打つ。

②小手↓胴

機を見て右小手を打つ。相手がこれを防いで手元が浮いたら右胴を打つ。

《面からの連続技》

《初太刀》　　《二太刀》　　《三太刀》

①面→面

機を見て面を打つ。相手が退いて剣先を下げたり、上体を後傾させて打ちを避けたら面を打つ。

②面→胴

機を見て面を打つ。相手が手元を上げて面を防いだら右胴を打つ。

《突からの連続技》

《初太刀》　《二太刀》　《三太刀》

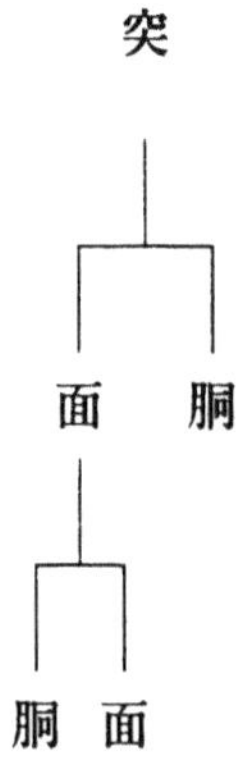

①突→面

機を見て突を突く。この突が不十分であったり、相手がいなしたり、上体を後傾させたり、退いたりしたら面を打つ。

《留意点》

①一本一本に全力を出し尽くして打突する。

②連続して一気に打突する。しかし、技を急ぐあまり体勢が崩れたり、技が不正確にならないように注意する。

③相手の変化に対応して即座に技を出せるように、打突後の左足の引きつけを素早く正確にする。

三、払い技

払い技は、相手の構えに打ち込む隙がない場合、相手の竹刀を表または裏から払い上げ、構えを崩して打突する技である。相手の剣先が自分の身体の正中線上にあって構えが堅固な場合は、剣先がじゃまになって打って行くことができない。打って行くためには、相手の剣先を自分の身体の正中線上からはずす働き、すなわち、相手の構えを崩すための「払う」働きが必要となってくる。

(一)払い方と技の遣い方

①払い方

技を遣う場合には、一つの技に対して二つの直線を使うのではなく、一つの曲線で一つの技を遣うことが鉄則である。すなわち、払う動作と打つ動作が分断された二つの流れにならないように、払った竹刀がそのまま打つ竹刀となるように遣うことが大切である。相手の竹刀の打突部の中程の鎬を、自分の竹刀の物打ちの鎬で表または裏から弧を描くように払い上げる。この払い上げる働きが打つ前の振りかぶりとなり、ここから打つ働きとなっていくのである。そのためには、手首の関節を柔らかく遣い、払う瞬間は手首のスナップを効かせて鋭く払うようにする。

一つの曲線を使う（良い）

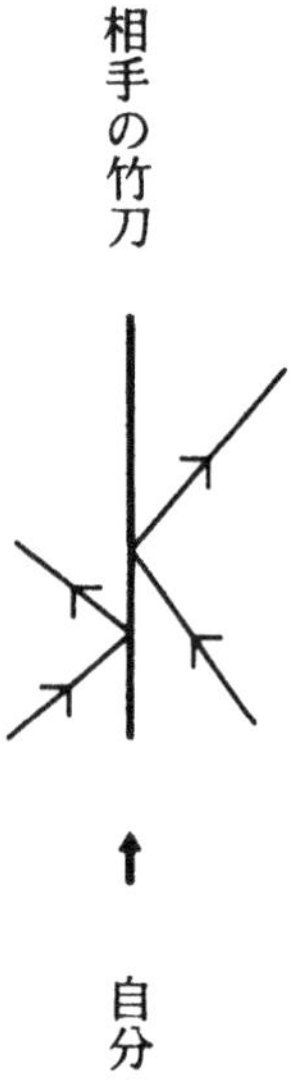

二つの直線を使う（悪い）

②払う竹刀と払われる竹刀との関係

相手の竹刀を横から払うと、相手の剣先は横に外れて構えは崩れるが、自分の剣先も同じように

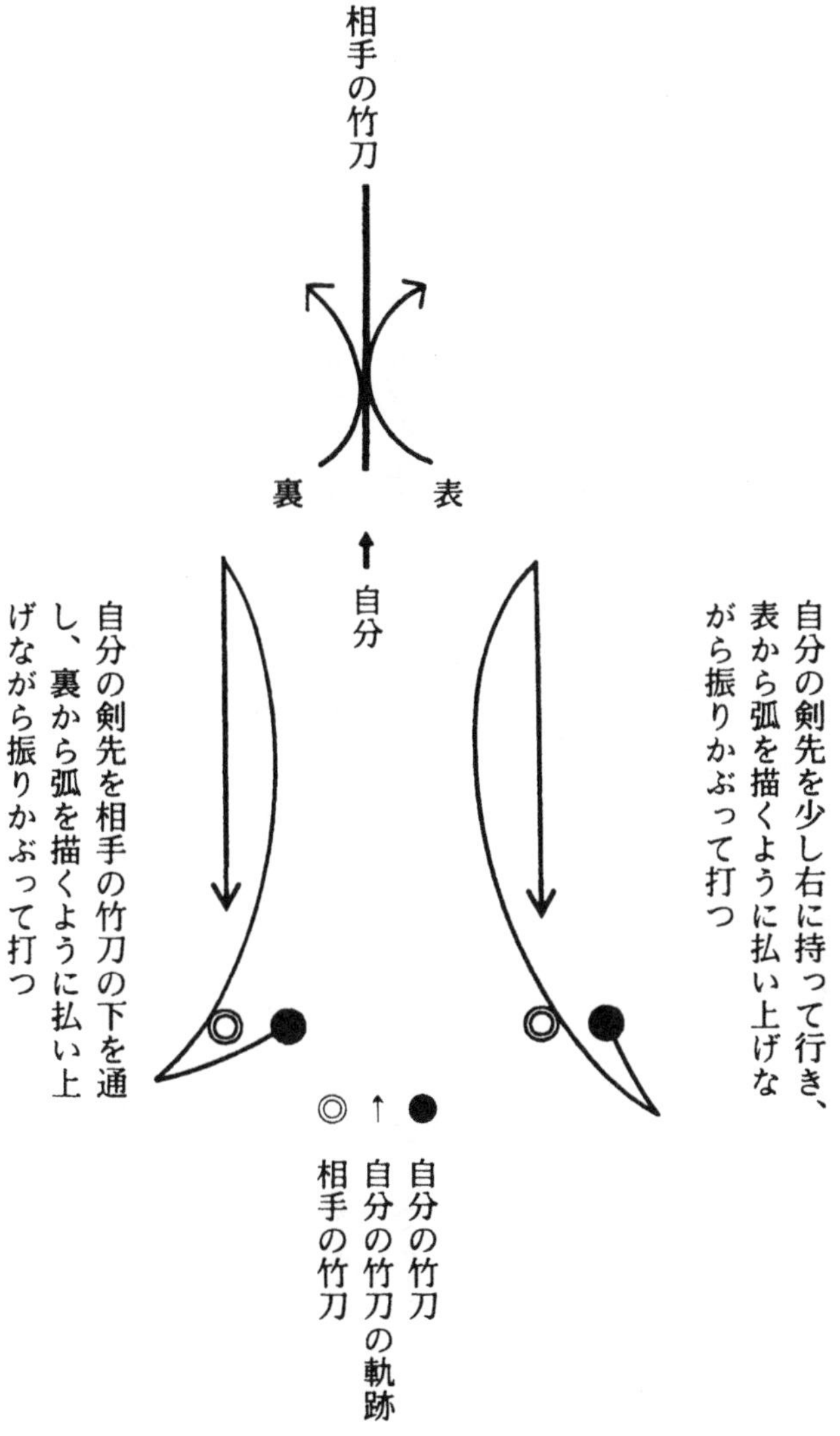
相手の竹刀
裏
表
自分
自分の剣先を少し右に持って行き、表から弧を描くように払い上げながら振りかぶって打つ
自分の剣先を相手の竹刀の下を通し、裏から弧を描くように払い上げながら振りかぶって打つ
● 自分の竹刀
↑ 自分の竹刀の軌跡
◎ 相手の竹刀

横に外れて構えが崩れてしまう。これでは五分五分の対等の状態になってしまい、打突に結びつく有利な状況にはならない。じゃまになっている相手の剣先を自分の身体の中心から外し、打突に結びつく有利な状況を作り出すような払い方でなければいけない。

③「払う→打つ」遣い方

払ってからその後に振りかぶって打つという意識ではなく、一つの曲線を遣う流れのなかで「払いながら振りかぶる」「打って行く途中でじゃまになっている相手の竹刀を払う」という意識を持つとよい。また、右手だけで払ったのでは払いの効果は期待できないばかりか、正しい打突には結びつきにくい。右足の滑らかな遣い方に留意しながら、左腰の備えと左手の握りを崩さないで払うようにする。さらに、相手の技の起こりや退き際の機を捕えて払うとより効果的である。

(二)技

①表(裏)から払って面

右足を出しながら相手の竹刀を表(裏)から払い、そのまま踏み込んで面を打つ。

②裏から払って小手

右足を出しながら相手の竹刀を裏から小さく鋭く払い、そのまま踏み込んで小手を打つ。

③裏から払って右胴

右足を出しながら相手の竹刀を裏から払い、そのまま踏み込んで右胴を打つ。

《留意点》

①払う動作と打つ動作が分断されないで一つの流れになるようにする。そのためには、打突部位の違いや間合の状況をよく見極め、体さばき(特に右足の遣い方)と竹刀さばき(特に右手の遣い方)を滑らかに遣う。

②裏から払って小手を打つ場合は、特に小さく鋭く払いながら右足を鋭く踏み込んで打つ。

四、出ばな技(出頭技)

この技は、相手が「打とう!」と意識が起こったところ、あるいはそれが手元の動きや剣先の動きなどに、形の変化として現われる「起こり」を捕えて打つ技である。

(一)打つ機会(出ばな)の捕え方と自分の備え

①打つ機会(出ばな)の捕え方

打つ機会としては、「心が変化するところ」「発意したところ」とか、「匂い」や「気配」を感じたところ、などという教えもあるが、これは機会の捕え方としては大変むずかしい。肉眼で捕えられるのは、やはり形の変化である。相手の顔の表情や構え全体の変化を観察しながら打つ機会を捕えるようにする。具体的には次のことが打つ機会を捕える判断材料となろう。

ア、目の輝きが強くなる。
イ、顔面の表情が変わる。
ウ、握りや肩に力が入る。
エ、剣先や手元が動き始める。
オ、腰が沈みかけてくる。
カ、右足が前に動き出す。

②自分の備え

相手の変化を捕えるために自分の備えはどうあるべきか。「心気力一致」の状態にあることが原点であり要点になってくる。そして、「心気力一致」の内容を維持しながら、常に先をとってしかけていく充実した気の働きがなければならない。さらに、自分の身体全部を目にして、機会を捕えたら捨て身で打ち込んでいくことが大切である。

(二)技

出ばな ─┬─ 面
　　　　└─ 小手

①出ばな面

相手が出ようとして身体が変化し始めたり、手元や剣先の始動を捕えて面を打つ。

②出ばな小手

相手が出ようとして身体が変化し始めたり、手元や剣先の始動を捕えて小手を打つ。

《留意点》

①体さばきと竹刀さばきに正確さと勢いが無いと、相手の出てくる勢いに打ち消されてしまう。自分から思い切って前に出て打つようにする。

②お互いが前に出るので間合が詰まってしまうことになる。したがって、機会の捕え方と鋭い技の遣い方が要求される。

五、退き技

退き技は、体当たりや鍔ぜり合い、または、これに近い間合から隙を作って、後ろにさがりながら打つ技である。したがって、自分の方から積極的に隙を作るようにしなければならない。隙とは、体当たりや鍔ぜり合いから、相手の体勢や手元の崩れたところである。

(一)崩し方

退き技は、体当たりや鍔ぜり合いから、相手の体勢や手元の崩れを捕えて打つ技である。相手の体勢の崩れや反応などによって、まっすぐさがったり左(右)斜め後ろにさがりながら打つ。

①体当たりによる崩し

打突の余勢で間合が詰まって相手に接触した瞬間、手元を下腹に納めて、自分の身体を相手にぶつけ当てるようにして崩す。

②左右の崩し

ア、自分の体を左に開きながら、左拳で相手の右肘を横に押して崩す。

イ、自分の体を右に開きながら、右拳で相手の左肘を横に押して崩す。

③前後の崩し

ア、左拳で相手の左拳を上方に押し上げて崩す。

イ、右拳で相手の右拳を下方に押す。相手はこれに反発して押し上げて崩れる。

ウ、相手を強く押す。相手はこれに反発して押し返して崩れる。

(二)退き技の遣い方に関する考察

退き技で打つ部位は小手・面・胴の三つであるが、いずれにしても、相手の体勢の崩れや反応の仕方などを捕えて、足を後ろにさばきながら打つことになる。

なお、鍔ぜり合いから足をさばかずに、まず、上体を後傾させて間合を調整し、床を前方に蹴ることによって後方に跳び、足を床に踏みつけながら打つ動作が近年多く見られる。こうした退き技の遣い方は、足さばきや竹刀さばきの原理・原則に反したものである。床を前方に蹴って後方に跳び、足を踏みつけながら打った方が速いように感じるかもしれないが、これは錯覚である。さらに、このような動作だと、打った後は上体だけが後傾して足さばきが伴いにくく、体勢が不安定になり、追い込まれて打たれる危険がある。

打突動作の原点は素振りである。すなわち、前進する場合は右足を前に出しながら竹刀を振りかぶり、左足を右足に引きつけながら振り下ろして打つ。後退する場合は左足を後ろにさげながら竹刀を振りかぶり、右足を左足に引きつけながら振り下ろして打つ。

同様にして退き技は、左足を大きく退きながら打つ間合を調整して竹刀を振りかぶり、右足を左足に引きつけながら振り下ろして打つようにする。このような動作で打つことによって、全身的な安定感を保ちながら相手に正対して正しい刃筋で打つことができる。以後、後退の送り足を繰り返すことによって次の局面に備えることになる。これが本来の退き技の遣い方である。

(三) 技

・体当たりによる崩し
・左右の崩し
・前後の崩し

- 体を後ろにさばいて
- 体を右斜め後ろにさばいて
- 体を左斜め後ろにさばいて
  → 面
- 体を左斜め後ろにさばいて
  → 小手
- 体を後ろにさばいて
- 体を左斜め後ろにさばいて
  → 右胴

①退き面

ア、相手が押し返してきた場合

相手の押し返す力を利用して、左足を大きく後ろに退きながら竹刀を振りかぶり、右足を左足に引きつけて面を打つ。

イ、相手が自分の竹刀を右側に押さえた場合

相手が自分の竹刀を右側に押さえつけてきたら、この押さえを瞬間的に外しながら竹刀を返して左斜め後ろに左足を大きく退き、右足を左足に引きつけて面を打つ。

②退き小手

左足を左斜め後ろに大きく退きながら、左拳で相手の右肘を横に押して体勢を崩し、右足を左足に引きつけて小手を打つ。

③退き胴

相手の左拳を自分の左拳で押し上げながら左足を後ろに大きく退き、右足を左足に引きつけて右胴を打つ。

《留意点》

①相手の体勢の崩れや反応の仕方などを捕える。

②相手の体勢を崩す時は腰を据える。

③技をしかける時の足さばきは、まず左足を大きく退き、続いて右足を左足に引きつけながら打つ。

④体さばきを正確にし、必ず相手に正対して打つようにする。

⑤相手に「後打ち」を許さないためにも、打った後は相手に背中を向けたり横向きになったりせず、相手に正対した状態で、剣先を相手の中心に付けたまま さがるようにする。

⑥斜め後ろに足をさばいて打つ場合には、相手に正対するとともに、「平打ち」にならないように手首を返して、正しい刃筋で打つようにする。

六、その他のしかけていく技

(一)かつぎ技

かつぎ技は、相手の虚を誘い出す一種の「誘い技」である。機を見て自分の竹刀を思い切り左肩にかつぎ、これに誘われて相手が手元を上げたり、剣先を動揺させたり、誘いに乗って打って出ようとしたところを打突する技である。

(二)捲き技

捲き技は、自分の竹刀を相手の竹刀に絡ませるようにしながら、表または裏から捲き上げたり捲き落としたりして、構えを崩して打突する技である。

(三)張り技

張り技は、相手の構えが堅固でなかなか崩れない場合、一歩前に出ながら自分の竹刀の物打ちの鎬で、相手の竹刀の打突部の中程の鎬を真横から思い切り強く張り、相手の構えが崩れたところ(構えが開いたところ)をすかさず打突する技である。「張る」という意味は、相撲の「張り手」の張ると同意である。

真横から思い切り強く張ることによって成果が現われてくるが、張る時の足さばきは勢いをつけて鋭く一歩出ることが大切である。特に左足の素早い引きつけが「張る」効果を高め、さらには次の打突の準備に結びつくのである。張った後の剣先は中心に戻り、ここからすかさず打突することになる。

張る場合には、柄の中心を支点にした両手首のスナップの効かせ方、張る瞬時の手の内の遣い方とその直後の脱力の仕方、さらには、ここから打突への流れなどが課題になってくる。スナップが効いて「張り」が決まれば、剣先は中心によく戻る。

技を遣う場合は、一つの技に二つの直線を使うのではなく、一つの曲線で一つの技を遣うことが太刀を遣う鉄則である。しかし、張り技における太刀の遣い方は例外で、一つの技に二つの直線を使うことになる。

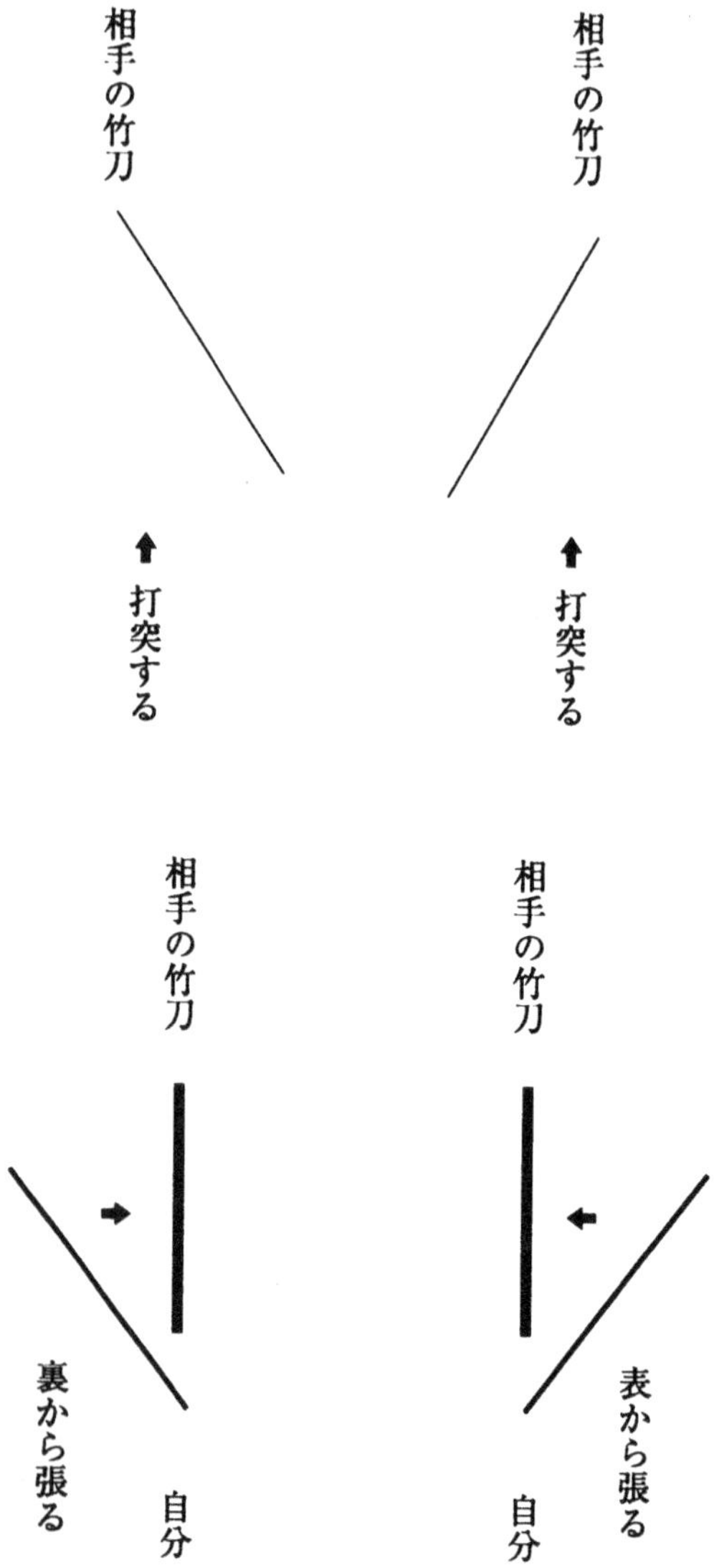

(四)片手技

片手技は相手の意表をつく、一種の「飛び道具」的な性格をもった技である。機会を捕えて片手で打突する技である。

(五)「その他のしかけていく技」に関する考察

その他のしかけていく技として、かつぎ技・捲き技・張り技・片手技について簡単に解説した。かつぎ技は相手の「虚を誘い出す」ために自分の竹刀を左肩にかつぐが、左肩にかつぐ時は逆に自分が虚になるところでもある。また、相手の虚を誘い出すつもりが誘い出しきれずに、お互い「虚と虚の絡み合い」になることもある。

捲き技と張り技は相手の構えを大きく崩して打突する技であるが、効果があれば完全に近いといってよいほど相手の構えを崩すことができる。しかし、自分の竹刀と相手の竹刀が直接的に働き合うので、捲く・張ることによって打突の意図を明確に感知されることにもなりかねない。さらに、ここからもう一つ打突の動作が加わってくる。また、捲き技を使う場合の心理状態を観察・分析してみると、荒々しい心の状態であったりすることが多い。捲き技を使うと稽古が傲慢になったり、技がよく決まるのでこの技に頼ってしまい、剣道の大事な内容を勉強しなくなったりするおそれがある。

片手技は相手の意表をつく飛び道具的な性格をもった技であることから、頻繁に出したのでは意表をつくことにはならない。

かつぎ技・捲き技・張り技・片手技などのしかけ技は、「虚を誘い出す」「意表をつく」「飛び道具」などという手段であることから、相手とのやりとりにおける「駆け引き」としての性格が強い技であるといえよう。これらの技はしかけていく技の中に含まれ、実際の稽古や試合の場面でも散見される。

いずれにしても、剣道を求める考え方としては、やはり「相手の実を正面から攻め崩して隙を求め(虚にさせ)、ここから技をくり出す」ことを誠実に求めていくことが基本である。

《応じていく技》

応じていく技は、相手のしかけてくる技に対して「応じながら変化するなかで出す技」である。技としては、「抜き技」「すり上げ技」「返し技」「打ち落とし技」その他の技などがある。応じていく技を遣う場合は次のことが重要となってくる。

①後手にまわらないよう、常に先の気でなければいけない。
②相手のしかけてくる技の内容と機会を見極める。
③間合の見切りと体さばきを正確にする。
④太刀筋を正確にし、応じる動作と打つ動作が一連の流れになるようにする。
⑤手首を柔らかく遣い、相手の技を受け止めるようにして応じない。
⑥応じる場合は鎬を使う。

一、応じていく技の体さばきと竹刀さばき

(一)応じていく技の体さばき

相手の技に対して、応じていく技の体さばきは次のように整理できる。

①すれ違いに前に出る。
②後ろにさがる。
③右斜め前に体をさばく。
④左斜め前に体をさばく。

⑤右斜め後ろに体をさばく。
⑥左斜め後ろに体をさばく。

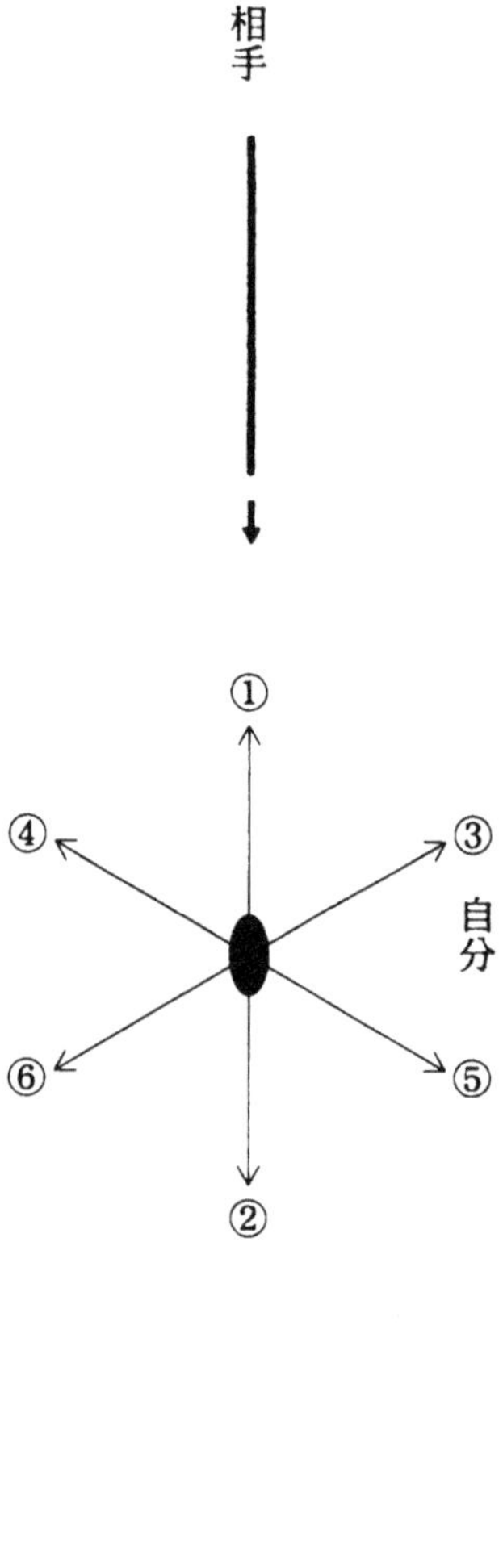

これらの体さばきと一体的に竹刀を遣えば、応じていく技が成立することになるが、体さばきを正確にして、打突する時は相手に正対して打突しなければ有効打突に結びつかない。

(二)応じていく技の竹刀さばき

①抜き技↓相手の竹刀に自分の竹刀を触れないで、相手に空を打たせて打つ。
②すり上げ技↓自分の竹刀を相手の竹刀の鎬に触れた側から打つ。

③返し技→自分の竹刀を相手の竹刀の鎬に触れた反対側に返して打つ。
④打ち落とし技→打ってくる相手の竹刀を、自分の竹刀の刃部で打ち落として打つ。

二、抜き技

抜き技は、相手の竹刀に自分の竹刀を触れないで、相手に空を打たせて打つ技である。

(一)抜き方と技の遣い方

①抜き方

ア、間合で抜く

イ、方向で抜く

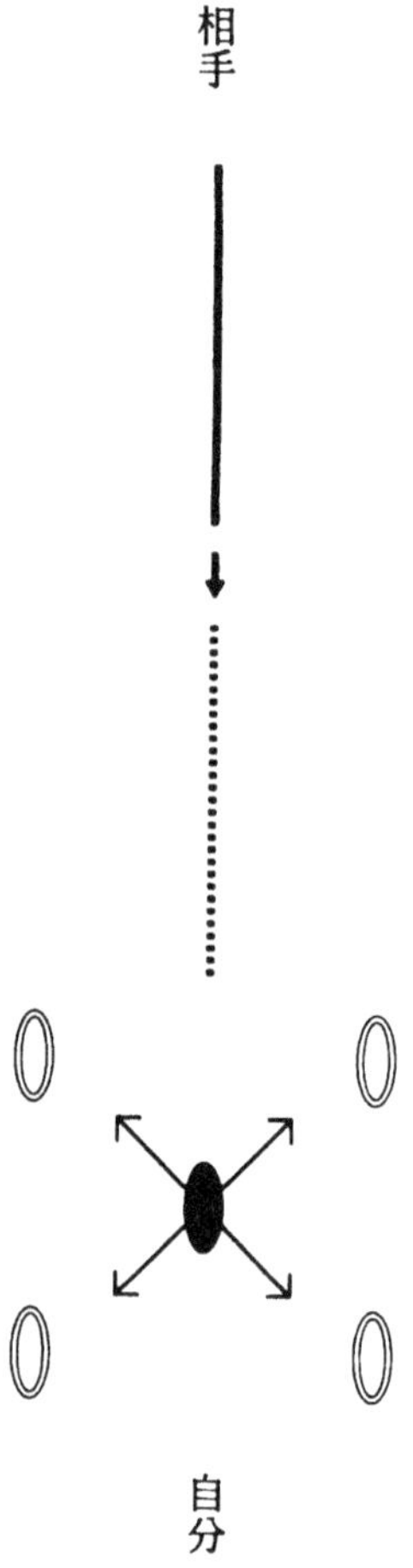

ウ、時間で抜く

相手の小手打ちに対し、その場で振りかぶることによって、相手の竹刀と自分の小手をすれ違えて抜く。斜線部は、自分の右小手と相手の竹刀の物打ちとが交わって小手を打たれる危険範囲である。この範囲で自分の右小手と相手の竹刀の物打ちとが交わらないようにして抜いて打つ。

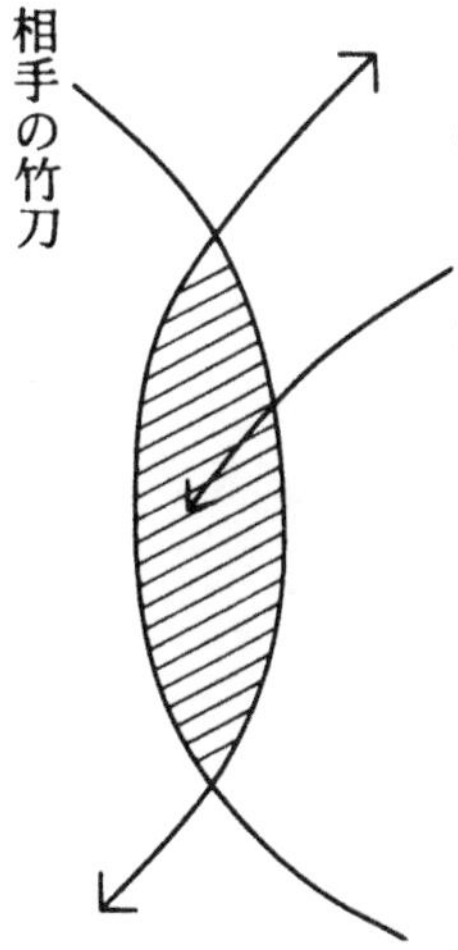

なお、機会の捕え方と相手の勢いや間合の見極め方次第で、「間合で抜く」ことと「方向で抜く」こととを併せて抜く場合もある。

② 「抜く→打つ」遣い方

早くから抜く動作に入ったのでは、かえって自分から相手に隙を与えることになってしまう。逆に遅くなってしまっては後手にまわってしまう。相手の動きをよく見極めて洞察することが重要である。さらに、相手の動きに対する見極めと洞察によって、自分はすでに抜く働きに移るが、相手の技が尽くされるのと同時に自分の打ちが決まることが理想的である。また、「抜く→打つ」過程では、手や上体だけでなく足さばきを正確にして抜くようにする。さらに、開いて抜く場合は、開くことが方向で抜くことになるので、開いてから後に打つという遣い方ではなく、「開きながら抜いて打つ」という意識が大切である。

(二)技

《面に対する抜き技》

面——抜き——

- 正面（体を後ろにさばく）
- 左面（体を右に開く）
- 右面（体を左に開く）
- 右胴（体を右斜め前にさばく）
- 左胴（体を左にさばく）
- 小手（体を左に開く）

①面——抜き——面（体を後ろにさばく）

相手の正面打ちに対して、左足から一歩退がりながら振りかぶって抜き、相手に空を打たせて踏み込んで面を打つ。

②面――抜き――右胴（体を右斜め前にさばく）

相手の正面打ちに対して、右足を右斜め前に出しながら（頭の左半分をかわす程度でよい）、相手が空を打って両腕が伸びきるところを左足を引きつけて右胴を打つ。

《小手に対する抜き技》

小手――抜き――面（その場で振りかぶる）
　　　　　　　面（体を後ろにさばく）
　　　　　　　小手（竹刀を下げる）
　　　　　　　右面（体を左に開いて片手右面）

①小手――抜き――面（その場で振りかぶる）

相手の小手打ちに対して、その場で振りかぶることによって抜き、相手に空を打たせて正面を打つ。その場で振りかぶることによって、相手の竹刀と自分の小手をすれ違えて抜く。

②小手――抜き――面（体を後ろにさばく）

相手の小手打ちに対して、左足から一歩さがりながら振りかぶって抜き、相手に空を打たせて正面を打つ。

《留意点》

①面抜き胴の場合は、自分の方から胴を打ちに行くという意識を持つことが大切である。

②体を開いて打つ場合は、相手に正対して打たないと正しい刃筋の打ちにはならない。

③小手抜き小手は竹刀の振幅が小さいので、これを補うために踏み込みを鋭くしながら、手首のスナップと手の内を効かせて打つようにする。

三、すり上げ技

すり上げ技は、自分の竹刀が相手の竹刀の鎬に触れた側から打つ技である。「表からすり上げる」場合と「裏からすり上げる」場合との二通りのすり上げ方がある。相手の技や、すり上げたときの自分と相手との間合や状況などを的確に捕えなければならない。

(一)すり上げ方と技の遣い方

①すり上げ方

竹刀の打突部の鎬を使ってすり上げる。機会の捕え方と相手の勢いや間合などによってすり上げる箇所が違ってくるが、少なくとも打突部の中程より先の鎬ですり上げる。後手にまわってしまったのでは手元ですり上げるようになってしまい、すでに間合が詰まって打突がむずかしくなる。

すり上げる竹刀の遣い方は、曲線的な一つの線を使うことである。直線的な二つの線を使って、ゴッゴッと流れが分断するような技の遣い方ではなく、すり上げた竹刀がそのまま相手を打つ竹刀の働きになるような、柔らかいすり上げ方でなければならない。

また、竹刀を自分の方に引き寄せたり、受け止めるような遣い方ではなく、鎬を使って相手側に

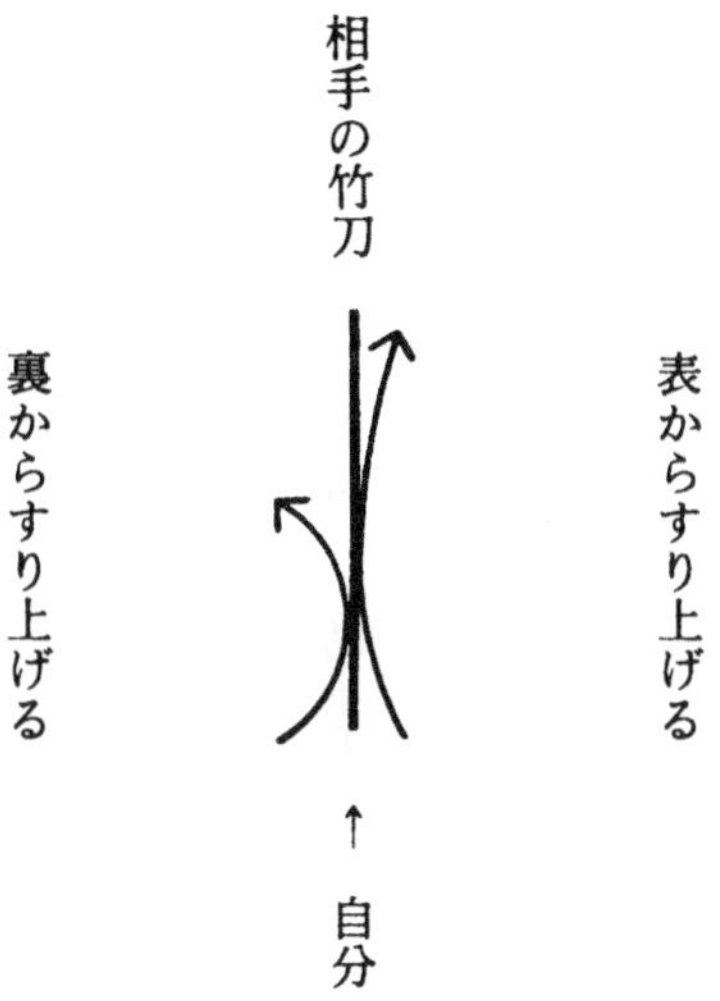

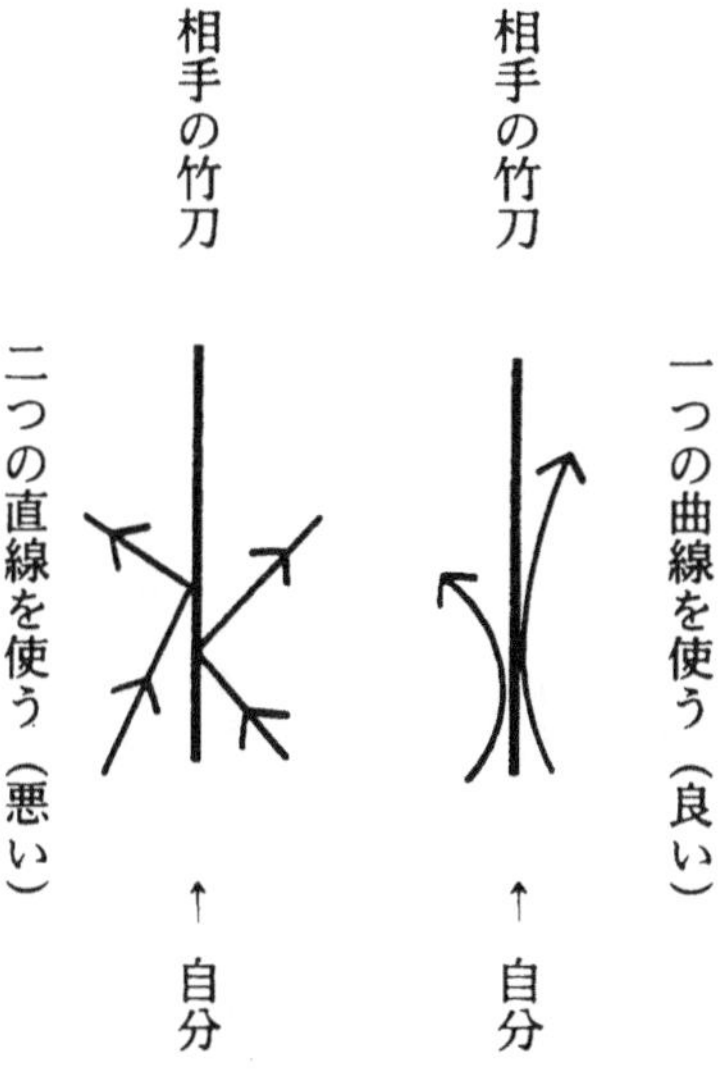

伸ばすようにすり上げて打つ。

②「すり上げる→打つ」遣い方

後手にまわって手元の方ですり上げないためには、できるだけ早い機会に相手の技を捕えなければならない。すり上げ技と払い技の太刀の軌跡は同じである。すり上げる機会が早ければ、自分と相手との先・後の関係で、結果的に払い技とすり上げ技の中間の技になったり、より早い機会に相手を捕えれば結果的に払い技になる場合もある。

すり上げる時の体さばきは、できるだけ前・右斜め前・左斜め前にさばくようにするが、機会の捕え方や相手の勢いと間合などによって、右斜め後ろや左斜め後ろに体をさばきながらすり上げて打つ場合もある。

（二）技

《面に対するすり上げ技》

面
- 表からすり上げて——面
- 裏からすり上げて——面
- 裏からすり上げて——小手
- 表からすり上げて——左胴
- 裏からすり上げて——右胴

①面——表すり上げ——面（体を前にさばく）

右足を前に出しながら、正面を打ってくる相手の竹刀を表鎬ですり上げ、左足を右足の後ろに引きつけて面を打つ。

②面——裏すり上げ——面（体を左に開く）

左足を左斜め前に開きながら、正面を打ってくる相手の竹刀を裏鎬ですり上げ、右足を左足の後ろに引きつけて面を打つ。

③面——裏すり上げ——右胴（体を左に開く）

左足を左斜め後ろに開きながら、正面を打ってくる相手の竹刀を裏鎬ですり上げ、右足を左足の前に寄せて右胴を打つ。

《小手に対するすり上げ技》

小手──┬─裏すり上げ──面
　　　└─裏すり上げ──小手

①小手──裏すり上げ──面

小手を打ってくる相手の竹刀を裏鎬ですり上げ、そのまま踏み込んで面を打つ。機会の捕え方と相手の勢いや間合によって、前に出たり後ろにさがったりしてすり上げて打つ。小手打ちをすり上げる場合は、右手首を内側に絞り込みながら右斜め前に押し出すようにしてすり上げるとよい。

②小手──裏すり上げ──小手

左足を左の方向に開きながら、小手を打ってくる相手の竹刀を裏鎬で小さく鋭くすり上げ、右足を左足の前に寄せて小手を打つ。

《註》「小手――表すり上げ――面」の技の遣い方について

この技は右足を前に出しながら、小手を打ってくる相手の竹刀を表鎬ですり上げ、そのまま踏み込んで面を打つという表現になる。しかし、実際にはすり上げる遣い方というよりも、むしろ小手を打ってくる相手の竹刀に対して、自分の方からも出ながら竹刀をわずかに右に開いて表鎬で「応じ」、その流れのままから面を打つことになる。相手の小手打ちに対して、「表鎬で応じて面を打つ」という解釈の方が妥当である。

《留意点》

①手先だけですり上げたのでは、相手の技の勢いに打ち消されて効果がない。正確に体をさばいてすり上げ、相手に正対して打つ。特に裏からすり上げる場合は、左腰の備えと左手の握りを崩さずにすり上げるようにする。

②「小手――裏すり上げ――小手」は高度な遣い方が要求される。手首を柔らかく遣って小さく鋭くすり上げ、鋭く踏み込むと同時に、手首のスナップと手の内を効かせて打つようにする。

四、返し技

返し技は、打ち込んできた相手の竹刀を迎えるようにして応じ、応じた反対側にすかさず返して打つ技である。相手を十分に引きつけておいて、相手の打ちが今まさに決まろうとする刹那（相手が「打てた！」と思う刹那）に応じ返して打つ。

(一)応じ返しの仕方と技の遣い方

①返し技の「技の妙」

応じるということは、自分の方から目的をもって働かすことではなく、相手の働きに対して「従って起こる」「応える」という意味である。応じ返しの技は相手の身体と竹刀の動きをよく見極め、相手を十分に引きつけておいて、相手の打ちが今まさに決まろうとする刹那（相手が「打てた！」と思う刹那）に応じ返して打つのである。

打つか打たれるか、髪の毛一本を残す際、すなわち、相手の技がまさに決まろうとする刹那まで相手を十分に引き込んで応じる。ここから九死に一生を得て反撃に転じて返して打つのである。一瞬でも遅れてしまえば打たれてしまう。打つか打たれるかのギリギリの際まで自分を持ち堪えることによって次の道が開けてくる。これが返し技の「技の妙」である。「死中活」「恐中得」である。

②応じ返しの仕方

相手の竹刀に対してわずかな角度で、鎬を使って迎えるようにして応じる。手首に力を入れたまま相手の竹刀を受け止めると、受けっぱなしになったり返しが滑らかにできなくなる。また、相手の竹刀に対して大きな角度で応じてしまうと、返すときの竹刀が大振りになり、すでに間合が詰まって返しにくくなる。

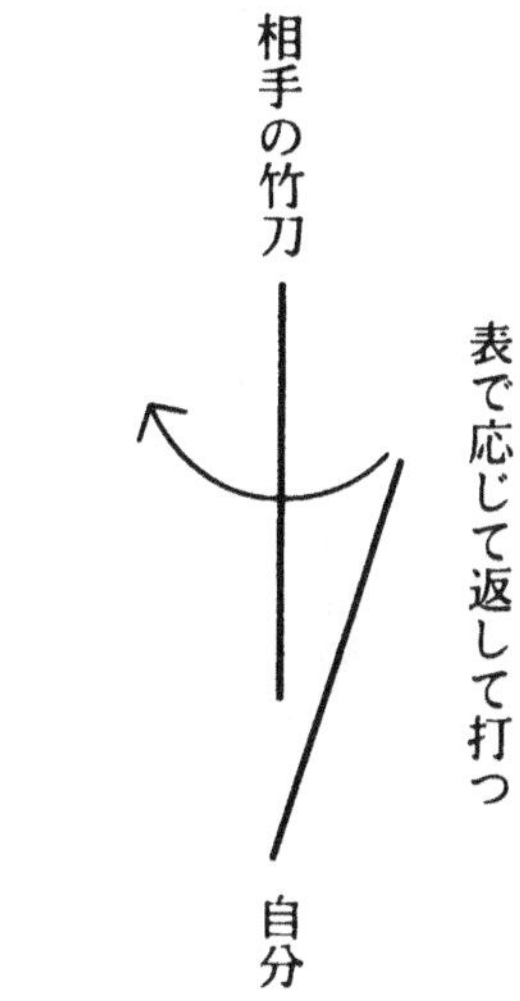

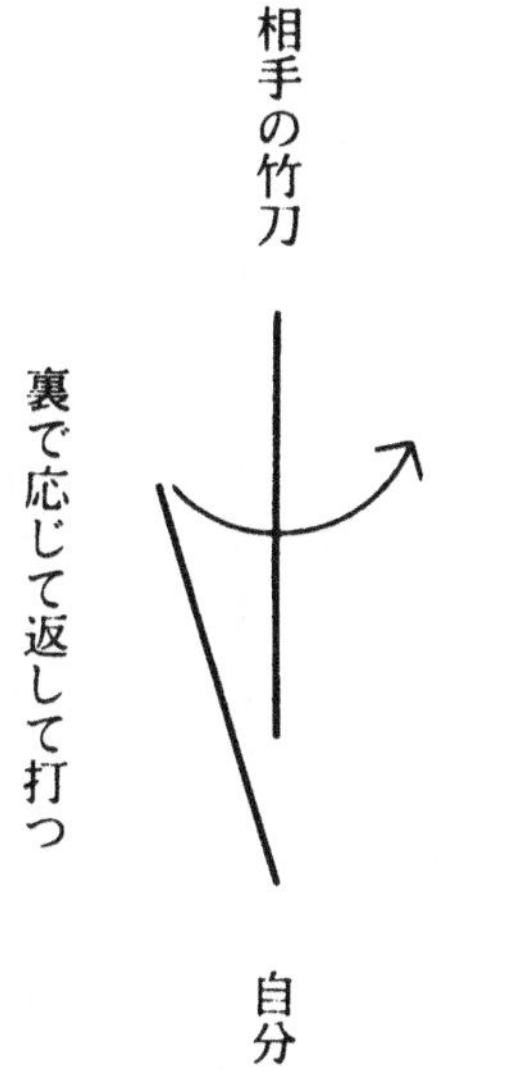

③「応じる↓返す↓打つ」遣い方

手首を柔らかくして、「応じる――返す――打つ」流れに切れ目のない遣い方をすることが大切である。間合や相手の勢いによって、応じるまでは自分の動作が緩やかであっても、「返す――打つ」流れでは「間髪を容れない」勢いが重要である。さらに、その場で応じることのないように、相手の技の勢いや間合などを見極めて、最初の足をさばきながら応じ、後に続く足を素早く引きつけながら返して打つ。また、相手との間合が詰まったら、体を開くことによって間合を調節しながら打つこともある。

(二)技

《面に対する返し技》

面――返し
- 右面（体を左に開く）
- 左面（体を右に開く）
- 小手（体を左斜め後ろにさばく）
- 右胴（体を右斜め前にさばく）
- 左胴（体を左にさばく）

①面――返し――右面（体を左に開く）

左足を左斜め前に開きながら、正面を打って来る相手の竹刀を表鎬で応じ、右足を左足の後ろに引きつけながら返して右面を打つ。

②面――返し――左面（体を右に開く）

右足を右斜め前に開きながら、正面を打って来る相手の竹刀を裏鎬で応じ、左足を右足の後ろに引きつけながら返して左面を打つ。

③面――返し――右胴（体を右斜め前にさばく）

右足を右斜め前に出しながら、正面を打って来る相手の竹刀を表鎬で応じ、左足を右足の後ろに引きつけながら返して右胴を打つ。

《小手に対する返し技》

小手 —— 返し ——┬ 面 （体を左に開く）
　　　　　　　　└ 小手 （体を左斜め後ろにさばく）

①小手——返し——小手

左足を左斜め後ろに退きながら、小手を打って来る相手の竹刀に対して、自分の竹刀をわずかに右に開くようにして剣先を下げつつ表鎬で応じ、右足を左足の前に寄せながら小さく返して小手を打つ。

《留意点》

①応じる場合は相手の竹刀を受け止めないで、迎えるようにしてわずかな角度で応じるようにする。
②小手打ちに対する応じ返しは、手首を柔らかくして相手の打つ力を利用するとよく返る。

五、打ち落とし技

この技は、打ち込んでくる相手の竹刀に対して、体をさばきながら表から左下、裏から右下に打ち落として相手の技を無効にし、ここからすかさず打つ技である。

（一）打ち落とし方と技の遣い方

①打ち落とし方

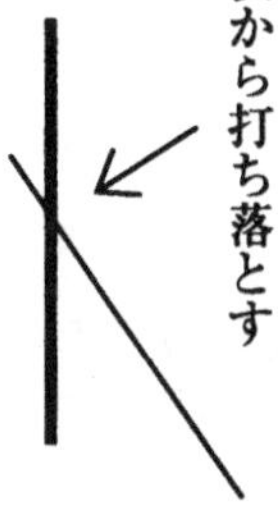

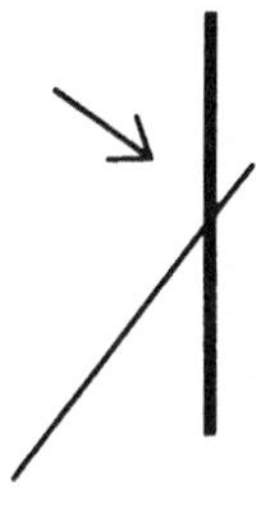

相手の竹刀の打突部の中程を、自分の竹刀の物打ちの刃部を使って打ち落とす。打ち落とす場合は腰をひねりながら手の内を効かせ、相手の竹刀を叩き落とすような感じで一気に打ち落とす。

②「打ち落とす→打つ」遣い方

打ち落とし技の要点は、相手の気勢・剣勢・体勢が技となって尽くされたところを、「確かに外して打つ」ことである。相手の技が尽くされたところを確実に太刀を殺して打つことから、相手が反撃に転じることができない厳しさで打ち落とすことが大切である。打ち落としたら脱力し、打ち落とした反動で跳ね上がった竹刀の流れを活用し、間合が詰まらないうちにすかさず打つ。

(二)技

右胴――裏から打ち落とす┐
左胴――表から打ち落とす├――面
小手――裏から打ち落とす┘

①右胴――裏から打ち落とす――面

左足を左斜め後ろに開きながら、右胴を打ってくる相手の竹刀を右斜め下に打ち落とし、すかさず右足を踏み込んで面を打つ。

《留意点》

①打ち落としは腰のひねりを使い、相手の剣先を床に叩き落とすくらいに手の内を効かせて厳しく打ち落とす。

②打ち落としたら脱力し、間髪を容れずに相手に正対して打つ。

第二編　日本剣道形

第一章　日本剣道形の考察

一、日本剣道形の意義

日本剣道形を修錬する意義は、「刀法の原理」「攻防の理合」「作法の規範」を修錬することにある。

現代の剣道は競技化が進んでいる。一体であるべき形・基本・稽古・試合・審査等は、それぞれ別個に考えられてしまう傾向にある。例えば、形は武術的真剣味や理合が厳しくいわれ、基本は正確さ、稽古では気剣体一致の打突を実現する総合的な力量が求められ、試合は勝敗が主であり、審査では質的内容が問われる、などといったように、それぞれの目的や評価基準が異なっている。

日本剣道形に含まれている「刀法の原理」「攻防の理合」「作法の規範」は、現代の竹刀打ち剣道の原典として位置づけられなければならない。窪田清音《すがね》先生は『剣道略記』の中で、『形を本とし仕合をむねとし形に立ちかえりて、その心のごとくなり得ることこそ形の本用なればなり』と教えておられる。また、高野佐三郎先生も、『剣道』の中で『斯道の練習法に三様あり、第一形の練習、第二仕合、第三打込み稽古、是れなり』として形の重要性を教えておられる。さらに、笹森順造先生形は『一刀流極意』の中で、『いまの剣道は形なし剣道で、理合がないから年をとると行き詰まる。形と並行して稽古をしておれば、七十・八十になっても道が拓けてきて、壮者を相手に道を楽しむことができる』としておられる。「形は稽古の如く、稽古は形の如く」という考え方を心掛け、絶えず形と稽古を兼ねて修錬することによって形が生きて、稽古によって道が拓けてくるものと考えられよう。現代剣道における形の意義はまさにここにあるといえる。

形は定められた約束と順序に従い、勝敗を決する理合を示すものである。一定の約束と順序に従って行なうが、これを真似るだけであってはならない。定められた約束と順序を守りながら、しかもその約束と順序の範囲内で自由に動作をして、形の制約を超越した真剣味を得なければならない。

なお、形を修錬することによって、次のような効果が期待できよう。

①剣道における礼法と落ち着きが身に付く。
②正しい姿勢が養われる。
③相手の動きや心を観察する「観の目」が養われる。
④体さばきが正しく機敏にできるようになる。
⑤技癖を取り除くことができる。
⑥正しい太刀筋を覚え、そのための太刀の遣い方ができるようになる。

⑦刀の鎬の使い方と正しい刃筋の打突が修得できる。
⑧間合に明るくなる。
⑨気が錬られてくる。
⑩剣道の理合や技の合理性が理解できるようになる。
⑪気のやりとり、呼吸、打突の機会、残心の内容が修得できる。
⑫武術的真剣味が感得できる。
⑬修錬を重ねることによって、「位」や「風格」が出てくる。

二、修錬の心得

形は約束に従って一定の形式と順序によって動作をするが、常に真剣で相手と闘っているような、油断のない気構えで稽古をすることが大切である。一定の形式と順序に熟れ、これを体得することはもちろんであるが、形の制約にとらわれることなく、どのようなことにも応変でき得る気迫と心身の備えがなければならない。

(一)打太刀と仕太刀との関係

打太刀は「師の位」であって、先に技をしかけ、仕太刀がこれに応じて遣う心気を育て、機会を見出させ、「勝つところはここである」と、仕太刀に理合を教える立場にある。

一方、仕太刀は、打太刀の「師の位」に対する「勝つ技を学ぶ弟子の位」である。仕太刀は打太刀に従い、打太刀の技を尽くさせ、その尽きたところを打って勝つ位を学ぶ立場にある。学ぶ立場にあっても心気は常に先でなければならない。

打太刀は仕太刀をリードし、双方の呼吸が合い、気力が充実した時に打太刀からしかけ、仕太刀はこれに応じて技を遣うことになる。しかし、仕太刀は初めから受けの気持ちがあってはならない。仕太刀は、形の上では結果的に「後」に見えるが、気は常に「先」にかかり、特に間合に入った時には気力で攻め勝って打太刀の技を引き出し、これに応じて勝つということを忘れてはならない。仕太刀は、ややもすると待つ気になり、攻めの気を失ってしまいやすいので十分に注意しながら修錬する必要がある。

(二)理合と技法の原則

①打太刀が技をしかけるのは、太刀の形は「機を見て」、小太刀は「入身になろうとするので」とあ

ることから、打太刀は三歩攻め進んでからいきなり技をかけない。

②技は大きく遣い、剣先で円弧を描いて打つようにする。

③打太刀はあくまでも仕太刀の打突部位をめがけて正確に打つようにする。打太刀が手加減を加えて手前で打ったり、仕太刀の体をよけて打ったり、目的の打突部位でなく刀をめがけて打ったりしたのでは形における理合の修得にならない。そればかりか、かえってやりにくくなったり危険であったりする。

④絶えず相手の目を注視して、原則として視線を外さない。

⑤原則として、前進する時は前足から、後退する時は後足から動作を起こし、足運びは「すり足」で行なう。

⑥打突の際は後ろ足を残さないようにし、前足に伴って後ろ足を引きつけ、下腹に力を入れて打突する。

⑦残心をとる際は、形《かたち》に現わさない場合でも十分な気迫が必要である。「相手がわずかに退く」「相手がわずかに出る」などの変化を察知したら、ただちに打突を加える気迫がなければならない。

三、構え

(一)五つの構え

①上段の構え

燃え盛る炎をもって全てを焼き尽くそうとする激しい攻撃の構えで、「火の構え」「天の構え」ともいう。また、上段の構えは「名人の位」とされ、相手の攻めに動じない気位で、相手を上(天)から呑み込んで威圧する気持ちで構える。静かな心と鋭い気迫で左右両拳の間から相手の動きを見抜くようにする。

《諸手左上段》

ア、中段の構えから相手の攻めに注意しながら、左足を前に踏み出しつつ手の内を変えずに刀を頭上に上げる。

イ、左拳は左額の前上方の位置に拳一握りくらい離して備える。

ウ、左拳はおおむね左足爪先の上に備え、刀は約四十五度の角度にとる。

エ、左自然体となるため、剣先はやや右に寄り刃は前向きとなる。

《諸手右上段》

ア、中段の構えから相手の攻めに注意しながら、手の内を変えずに刀を頭上に上げる。

イ、左拳は額の中央、前上方の位置に拳一握りくらい離して備える。

ウ、左拳と剣先は正中線上に備えて、刃は前向きとなる。

②中段の構え

水のように淀みなく流れて千変万化し得る構えで、「水の構え」「人の構え」ともいう。中段の構えは、「セイガン」の構えともいわれ、青眼・正眼・晴眼・星眼・臍眼・清眼・精眼・勢眼・誓眼などと書き、ぞれぞれ流派によって意味があり、剣先の付けどころも違うとされた。学校体育の指導の便宜上、「セイガン」を総称して「中段」となった。

ア、足の踏み方は両足の爪先を相手に向け、右足の踵と左足の爪先の前後左右の間隔を約十センチメートル程度あける。

イ、左足の踵は自然に上げ、右足の踵は軽く踏まえる。

ウ、身体の重心垂線は両足の前後左右の間隔の中心に置く。

エ、両膝は張らず緩めずに備える。

オ、腰を伸ばして臍下丹田に力を入れ、背骨と頸筋を伸ばして肩を降ろして胸を開く。

カ、目は相手の目を注視しながら全体を見る。
キ、左右の親指と人差し指の分かれ目を棟(峯)の延長線上に位置させる。
ク、手の内を柄と密着させ、小指・薬指・中指の順に締め、鶏卵を握る気持ちで太刀を持つ。
ケ、左手の握りは下腹から約一握り程度前に出し、左手親指の第一中指骨関節を正中線上に位置させる。
コ、右手は鍔元の位置に左手と同じ要領で握る。
サ、剣先の高さは咽喉部とし、延長を相手の両目の中間または左目に付ける。

③下段の構え

天・地の天に対応した地であり、大地のようにゆるがない防御の構えで、「土の構え」「地の構え」ともいう。常に自分を守り、相手を観察しながら自由に対応できる構えである。
ア、中段の構えから相手の攻めに注意しながら、手の内を変えずに刀を下げる。
イ、剣先の高さは相手の膝頭から約三〜六センチメートル下につけ、刃は真下を向く。

④八相の構え

自分から先に技を出さないで、八方に気を配って相手の動きを観察し、相手の出方によって攻撃に転じる構えであり、「木の構え」「陰の構え」ともいう。高野佐三郎先生は『木の葉が落ちるのは、その下にすでに陽の芽が出ているから落ちるのであって、葉が落ちてからはじめて芽が出るのではない。すなわち、陰尽きる時は陽ひらくの時である』と説かれている。八相の構えは陰が尽きて陽に発する秘めた気迫が、大木のそびえるような中に溢れていなければならないとされている。一刀流の「立ち木の構え」（大木が天を突くような威容の例え）と新陰流の「大八相の構え」を合わせた構えであるといわれている。

ア、中段の構えから相手の攻めに注意しながら左足を踏み出しつつ、刀を大きく諸手左上段に振りかぶる気持ちでとる。

イ、諸手左上段の構えから右拳を右肩のあたりまでおろした形になる。

ウ、両肘は張らず緩めず、肩と上肢の力を抜いて自然な状態で備える。

エ、鍔は口元から拳約一つ離す。

オ、刃は相手に向ける。

⑤脇構え

懐に黄金を隠し持っていて、必要に応じて臨機応変に技を出し得る構えであり、「金の構え」「陽の構え」ともいう。自分の武器を相手に知られないように構え、相手の出方に応じて臨機応変に、長くあるいは短く遣うことができる構えである。自分の左肩を攻撃目標にして敵をおびき寄せ、相手の攻撃に変化して勝ちを制する構えであるとされている。脇下を狙い打つのが常套手段で、強い攻撃的な構えである。

ア、中段の構えから相手の攻めに注意しながら、右足を引きつつ刀を返して右脇にとる。右足が後ろになるので左半身となる。

イ、剣先を後ろにし、刃先は右斜め下に向ける。

ウ、剣先は下段の構えより少し下げた高さにする。

四、呼吸の遣い方

所作

①中段の構えから変化の構えをとる。

②三歩前進しながら攻め込む。

③打太刀は機を見て「ヤー」の掛け声とともに打つ。

④仕太刀は打太刀の技に応じて変化し、「トォー」の掛け声とともに打つ。

呼吸の遣い方

★打太刀・仕太刀ともに吸気で変化の構えに移り、吸気を臍下丹田に納め、気力を充実させる。

★打太刀・仕太刀ともに臍下丹田の力を弛めることなく、息をごく微量に吐きながら気を熟して間合に入る。

★打太刀は臍下丹田に力を込めて、一刀必殺の気迫をもって「留め息」で打つ。

★仕太刀はこの間、息を入れない。

★仕太刀は臍下丹田に力を込め、応じながら変化するなかで技を遣い、充実した気力をもって「留め息」で打つ。

⑤仕太刀は残心をとる。

⑥打太刀・仕太刀とも定められた順序に従って進め、元の位置に戻る。

⑦打太刀・仕太刀とも構えを解く。

⑧五歩退く。

⑨中段の構えになる。

⑩以後①から⑨の流れに添って進める。

★打太刀は打った後、臍下丹田の力を弛めることなく、静かに自然呼吸をする。

★仕太刀は臍下丹田に気力を込めながら、「留め息」で相手を制圧する。

★臍下丹田の力を弛めることなく、静かに自然呼吸をする。

★剣先を開いて下げながら吸気し、臍下丹田に吸気を納める。

★臍下丹田の力を弛めることなく、息をごく微量に吐きながら立間合に戻る。

★吸気で中段の構えに移る。

★気力を充実させながら臍下丹田に吸気を納め、中段の構えの納まりの後に息を軽く吐く。

五、日本剣道形における「真行草」

高野佐三郎先生は、日本剣道形の小太刀の一本目・二本目・三本目は各々「真」「行」「草」の気分で遣うべきであると教えられた。すなわち、次のような考え方である。

「真」は、構えを厳重にして寸分の隙もなく、相手に対して何らの機会・余裕も与えないで、「直ちに斬って捨てる態度」である。「行」は、相手の技を「いったん咎めてその後斬り捨てる態度」である。「草」は、余裕を持って自由自在に、一見、殆ど無構えのようにして、相手の技を「十分尽くさせて敵に従って勝つ態度」である。

また、佐藤卯吉先生は『剣潮』の中で「小太刀形」三本について、次のように解説しておられる。

①一本目

『小太刀の基本的構えである半身、すなわち相手に対して身体を斜めに構え、小太刀を持つ右手を十分に伸ばして間合を取り、小太刀の切先を相手の上段の構えの左拳につけて身を守る。厳正堅確にして寸分の隙もなく、間合に近づくや、かれの正面へ打込んでくる太刀を右に体をかわして頭上で左に受け流すとともに少しの余裕をも与えず、寸毫も仮借するところなく、ただちに斬って捨てる』

②二本目

『一本目の小太刀半身の構えにくらべて、ややくつろいだ余裕のある右片手中段に構える。間合に迫り相手が下段より撃ちを起さんとして切先を上げんとするを、そうはさせじと上方より相手の太刀を咎め押さえ、相手が右足を退いて体をひらいて脇構えのかたちから正面に打込んでくるのを、左に体をかわして頭上で右に受け流し、手を返してただちに相手の正面を撃つ。一本目にくらべて打太刀の下段からの起こりを、そうはさせじと一応咎めてしかるのちに撃って勝つ』

③三本目

『三本目の小太刀は下段の構えであるが、むしろ無構えともいうべく、切先を前にして下げ悠々迫らず進んで間合に入る。相手が正面に打込んでくる太刀を迎えて摺り落とし、さていかにと相手の出方をまって、さらに右胴を撃ってくる太刀を受け止め、かれの退くに従って進んで小太刀を咽喉に擬して勝つ。相手の思うままの技を尽くさせ、自由を与えた上で勝つ。敵に従うの勝ち』

第二章　解説

《註》解説にあたっては、「立会」「太刀の形」「小太刀の形」の各々の上段に『日本剣道形解説書』の本文を掲載した。

また、《解説》の下段にある「留意点」（立会）と「理合・留意点」（太刀の形・小太刀の形）のある。【・】印の文は、『剣道講習会資料　日本剣道形　意志及び指導方法の統一事項』（全日本剣道連盟）である。小森園先生の口述内容も、これと重複していることが多く、全体の流れを理解する意味からも、全文をそのまま掲載する形をとった。【★】印（ゴシック体）の文は（前掲の呼吸においても同様である）、小森園先生の口述内容であるが、『明文化されてはいないが、従来から口頭で伝承されたり、慣習として行なわれている内容である』『現在の日本剣道形の原形として伝承された内容である』『気分的態度や、これを形に現わした内容及び留意点である』とのことであった。

一、立会

《解説》

所作	留意点
一、立会前後の作法 ①立会の前後には、刀（木刀）を右手に提げ	・入場に際しては、打太刀が先導し、仕太刀が後続する。 ・仕太刀の刀の持ち方は、右手の親指と人差し指で小太刀を持ち、人差し指の右側と残り三本の指で太刀を持つ。二刀は平行に持つようにする。
②下座で約三歩の距離で向かい合って正座し	・下座の位置は、特に限定しないが、中央が望ましい。 **★原則として上座に向かって右側が打太刀、左側が仕太刀となる。**

③刀を右脇に刃部を内側に、鍔を膝頭の線にそろえて置き、互いに礼をする。

④次に刀を右手に刃部を上に柄を前に切先を後さがりにして提げ、立会の間合に進む。立会の間合は、およそ九歩とする。

・打太刀・仕太刀の位置については、必ずしも打太刀を上座に向かって、右側にしなくてもよい。

・左足を約半歩引き、左膝・右膝の順について座る。

・小太刀は太刀の内側に置く。丁重に取り扱うために左手を添えてもよい。

・両手を同時について礼をする。

・天覧・台覧の場合は、最初刃部を下に、柄を後ろにし、切先を前下がりにして、右手で栗形のところを握って提げる。

・演武する場合の小太刀を置く位置は、仕太刀の立会位置から右（左）後方約五歩のところに刃部を内側にし、演武者と平行に置く。この時は下座側の膝をつく。

★小太刀を置き、太刀だけを持って立会の位置に進む。

・座礼の位置から立会の間合へ行く場合に、打太刀は仕太刀の動作をみながら加減して動作する。

一、打太刀・仕太刀、刀を提げ、立礼をして始める。

⑤立会の間合に進んだのち、まず上座に向かって礼をし、次に、互いの礼をしてから、

・上座の礼は、上体を約三十度、前に傾けて行う。

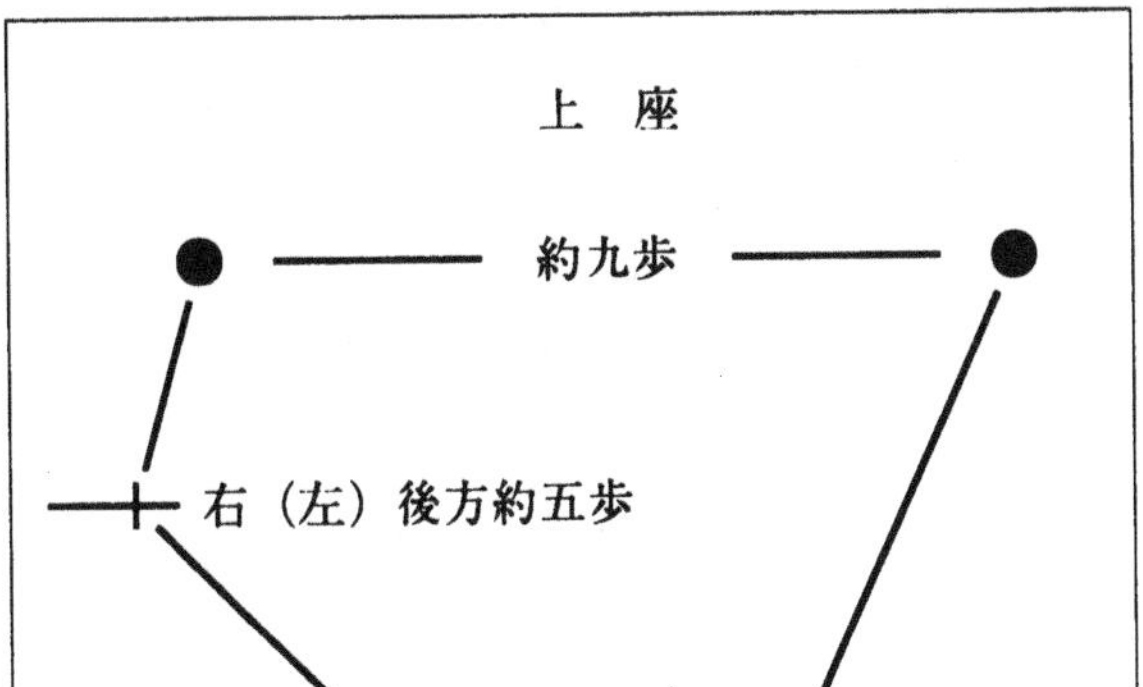

⑥刀を左腰に差し、

★目線を足元から約二メートル程度のところに落とすので、結果的に上体が約三十度傾く。

・互いの礼は、上体を約十五度、前に傾けて相手に注目して行う。

★相手の目を注視して礼をするので、結果的に上体が約十五度傾く。

・鍔に親指をかけると同時に左手で鐺《こじり》を持ち、鐺を腹部中央に送って左手でわけた帯の間に入れる。左手を左帯に送り、右手で鍔が臍前にくるように刀を帯びる。(小太刀も同じ)

★あらかじめ刀の通る道筋を空けておき、やたらに左腰を見たり手を動かしたりしない。

★左腰に刀を少し差したら、右手でそのまま一気に差し込む。

⑦左手を鍔元に添えて親指を鍔にかける。

⑧木刀のときは左手に持ちかえると同時に、親指を鍔にかけて腰にとる。

⑨次に、互いに右足から大きく三歩踏み出して、蹲踞しながら刀を抜き合わせる。

・親指を鍔にかける要領は、鯉口を切るということと、刀を相手から抜かれないようにする心持ちで、親指の指紋部のところで鍔の上を軽く押さえる。この場合、親指は鍔にかけるが鯉口は切らない。

・体のおおむね中央で左手に持ちかえる。手は体側にそって自然に下ろす。

・木刀は柄頭が正中線となるようにする。

★大きく三歩踏み出す足は、攻める気勢の足遣いであることが大切である。

・打太刀・仕太刀とも足捌きはすり足で行う。

・抜いてから蹲踞するのではなく、蹲踞しながら抜く。

・袈裟に切る要領で抜き、極端に上から振りかぶらないようにする。

⑩蹲踞は、やや右足を前にして右自然体となる程度とし、立ち上がって中段の構えとなり、

⑪剣先を下げ、互いに左足から小さく五歩ひき、いったん中段の構えになり、次の形の構えになる。

⑫小太刀の場合は、太刀に準じて行うが、構える場合は抜き合わせると同時に、左手を腰にとり、剣先を下げると同時に左手を下ろす。

一、最後の礼は最初の礼と同じである。

★右足の踵に左足の中程(土踏まず)を引きつけて、右自然体で蹲踞する。

・足は踏みかえずに、爪先で踵を外に移して、中段の構えの足の位置になる。

・剣先を下げるとは、構えを解くことである。(以下同じ)剣先を下げる要領は、自然に相手の左膝頭から三～六センチメートル下、下段の構え程度に右斜め下に下げる。このとき剣先は、相手の体からわずかに外れるくらい開き、刃先は左斜め下に向くようにする。(小太刀もこれに準ずる)

・左手を腰にとる要領は、刀の場合は栗形の部分を五指を揃えて軽く押さえる。木刀の場合は、親指を後に四指を前にして腰にとる。

・左手を下ろしたときは、体の外側に自然に下ろす。

⑬最後の礼は、まず互いに礼をし、次に上座に向って礼をして退場する。

・上座の礼が終わると、最初に下座で行った座礼の位置にもどり互いに礼をして退場する。

★仕太刀は立会の位置から右（左）後方約五歩の位置（刀を置いた所）まで、上座に背を向けないようにしてさがり、下座側の膝をついて太刀を取り、その後、座礼の位置に進む。

★仕太刀が刀を取るまで打太刀は少し待ってやる。

★座礼の後、打太刀が先導し、仕太刀が後続して退場する。この場合、仕太刀は打太刀の進む道をあける。

二、太刀の形

一本目

《理合》

打太刀は諸手左上段、仕太刀は諸手右上段の構えで互いに先の気位で攻める。間合に入り、打太刀は仕太刀の強い先の気位におされ、止むを得ずこれを打破しようとして（以下同じ）、機を見て仕太刀の正面を柄諸共に打ち込む。

これに対して、仕太刀は、打太刀を足元に引きずり込む気持ちで体を後ろに退いて空を打たせ、打太刀の面技が尽きて体勢の崩れたところを正面を打って勝つ。

その後、仕太刀は左上段をとって残心を示す。

《解説》

所作	理合・留意点

①打太刀は諸手左上段、仕太刀は諸手右上段で、打太刀は左足、仕太刀は右足から、互いに進み、

②間合に接したとき、打太刀は機を見て右足を踏み出し、仕太刀の正面を打つ。

・諸手左上段は左足を前に出し、左自然体となり、左手握りを左額の前上約一握りのところにとる。剣先は、約四十五度後ろ上方に向けやや右に寄る。

・仕太刀の諸手右上段は、中段の構えから左手握りを左額の前上約一握りの位置にとり、剣先は正中線とする。

・機とは、相手の心と体と術の変わりぎわにおこるときの「きざし」である。この場合、打太刀が仕太刀に勝つ機会を教えているので、したがって打太刀は、仕太刀の十分になったところを見て打つ。

★機とは発意したところ、すなわち、「打とう!」と気が発するところである。

・打太刀は、柄諸共に打ち下ろす気構えが大切で、打ち下ろした剣先は、下段の構えからやや低くなる。

★柄諸共、仕太刀の身体を臍まで真二つにする気迫で打ち下ろす。

③仕太刀は左足から体を少し後ろに自然体でひくと同時に、諸手も後ろにひいて、打太刀の剣先を抜き、右足を踏み出し、打太刀の正面を打つ。

★手元を手前に引くようにして太刀を振り下ろさない。剣先を相手側に投げ出すような感じで、大きな円弧を描くように太刀を振り下ろして仕太刀の正面を打つ。

・打つということは、切るという意味である。

・上体はやや前傾する。首だけ上がる姿となるほどには前傾しない。

・後足を残さないようにする。

・目付は外さない。目付とは、目と目を見合わせることが原則であるとの理から、「目を見る」ということとする。

★目付は常に相手の目を注視する。例外として七本目の胴を打つすれ違いの時に瞬間的に外れる。

・剣先が下がらないように左足から抜く。

★剣先が下がると死に太刀になる。

★左の握りを緩めないて、剣先で天井を突くようにして抜く。

★打太刀を足元に引きずり込むような気分で抜く。

④打太刀が剣先を下段のまま送り足で一歩ひくので、仕太刀は、十分な気位で打太刀を圧しながら、剣先を顔の中心につけ、

★上体を後傾させたり左足の踵を床につけたりすると、体勢が崩れて技がつながらない。
★抜くときには息を入れない。息を入れてしまうと死に体や死に太刀になって技がつながらない。
・送り足で二歩引くことになる。そのときの歩幅は、仕太刀との間合によって大小あることに注意する。
★打太刀は立ち直ろうとして間合をとるために退くのである。
・顔の中心とは両目の間をいう。
・つけとは、延長線をいう。
★剣先の延長が顔の中心につく。
★打太刀が一歩退いたその後に剣先を顔の中心につけるのではない。仕太刀が正面を打った後、十分な気位で打太刀を制圧している。そこで打太刀が立ち直ろうとして間合をとるために退くので、剣先が自然に下りて顔の中心につくことになる。
★剣先を顔の中心につけて立ち直る余裕を与えない。

⑤打太刀がさらに一歩ひくと同時に、左足を踏み出しながら、諸手左上段に振りかぶり残心を示す。

⑥打太刀が剣先を下段から中段につけ始めるので、仕太刀も同時に左足をひいて諸手左上段を下ろし、相中段となり、剣先を下げて元の位置にかえる。

・打太刀はやや前傾のまま二歩引く。

・仕太刀は顔の中心を、突き刺すような気勢で圧しながら、諸手左上段にとる。

★打太刀が一歩退いたその後に残心を示すのではない。打太刀が立ち直ろうとして間合をとるために退くので、仕太刀は剣先で打太刀の顔の中心を突き刺す気迫で追い込み、立ち直る余裕を与えないまま諸手左上段に振りかぶって残心を示す。

★残心の間合は、仕太刀は上段から片手で打太刀の面が打てる間合、打太刀から足元を掬《すく》われない間合である。

・一本目から七本目まで形（上段または脇構）に示されていると、いないにかかわらず、十分な気位で相手の反撃に対応できる身構え心構えをいう。

・上体を起こしながら中段の構えになる。

★相中段になる始動は打太刀である。仕太刀は打太刀の始動に遅れないようにする。

《要点》

①構えてから攻め進む過程で、「間合に接したら、機を捕えて正面を打つ！」という覚悟に迷いがあってはならない。

②一本目は大技で遣うようにする。したがって、打太刀は剣先で大きな円弧を描くようにして、大技で相手を臍まで真二つに断ち切る気迫で打ち込むことが大切である。

③打太刀が正面を打ってくるのに対して、仕太刀は打太刀を足元に引きずり込むような気分で抜く。

④仕太刀は、体勢や諸手右上段の肘の備えが崩れたり、剣先が動揺したりしたのでは正確な技は遣えない。息を入れずに相手を引き込んでおいて直ちに打つようにする。

⑤仕太刀は正面を打った後、十分な気位で打太刀を制圧している。打太刀が立ち直ろうとして間合をとるために退くので、剣先が自然に下りて打太刀の顔の中心につき、立ち直る余裕を与えない。

⑥さらに打太刀が立ち直ろうとして間合をとるために退くので、仕太刀は剣先で打太刀の顔の中心を突き刺す気迫で追い込み、立ち直る余裕を与えないまま残心を示す。

二本目

《理合》

相中段で互いに先の気位で攻める。間合に入り、打太刀は機を見て仕太刀の右小手を打つ。

これに対して、仕太刀は体を左後方にさばきながら抜いて空を打たせ、打太刀の小手技が尽きたところを右小手を打って勝つ。

その後、十分に残心の気位を示す。

《解説》

所作	理合・留意点
①打太刀、仕太刀相中段で、互いに右足から進み、間合に接したとき、打太刀は機を見て仕太刀の右小手を打つ。	・打太刀は剣先が頭上後方に下がらないように振りかぶる。 ★振りかぶりは、両腕の間から仕太刀の右小手が見える程度でよい。 ・斜め打ちにならないよう一拍子で打つ。 ★打つ時は小手に目を注がないで、仕太刀の目を注視しながら全体を見るようにする。

②仕太刀は、左足から右足をともなって左斜め後ろにひくと同時に、剣先を下げて、

③打太刀の刀の下で半円をえがく心持ちで打太刀の打ち込んでくるのを抜いて、大きく右足を踏み出すと同時に打太刀の右小手を打つ。

・大技で仕太刀の右小手の位置よりわずかに低く打つ。

★打太刀は仕太刀の右小手をめがけて打って行くが、これを抜かれ、さらに太刀に勢いがあるので、結果的に打太刀の剣先は、打太刀の右小手の位置よりも約十センチメートル程度低くなる。

・剣先は、おおむね下段のときの剣先の高さする。

★左斜め後ろに体をさばく時は、相手に正対する。これによって次の技が正しく遣えることになる。

★振りかぶりは、両腕の間から打太刀の右小手が見える程度でよい。

★抜く時には息を入れない。

★弧の線で抜いて、弦の線で打つ。

★半円が回りすぎて斜め打ちにならないように真っすぐ打ち下ろす。

★「抜く↓打つ」動作が一拍子となるようにする。

★打太刀が空を打って諸手の止まった時に、仕太刀が右小手を打てる遣い方を学ぶことが大切である。

・右足を踏み出すとき、左足も進める。

④打太刀は左足から、仕太刀は右足から十分な気位で残心を示しながら、相中段になりつつ、刀を抜き合わせた位置にもどり、剣先を下げて、元の位置にかえる。

・形には表さない残心なので、とくに十分な気位が大切である。

★打太刀が僅かでも動く気配があったら、ただちに打ち込む気迫が大切である。

・先・後の差異はない。

・始動は、打太刀である。

★打太刀は前に出たので左足からさがる。

★仕太刀は後ろにさがったので右足から出る。

《要点》

①打太刀・仕太刀ともに五分五分、意志(石)と意志(石)とがぶつかり合う中段の構えで間合に入る。

②互いに堅固な構えであるので、打太刀は自信を持って相手の構えを砕く気迫で小手を打つ。

③仕太刀は、打太刀が打ち込んでくるのを十分引きつけておいて、今まさに打太刀の小手打ちが決まろうとするその刹那に抜いて打つ。早くから抜く動作に入らない。

④打太刀が空を打って諸手の止まった時に、仕太刀が右小手を打てる遣い方を学ぶことが大切である。

三本目

《理合》

相下段の構えで互いに先の気位で攻める。間合に入り、互いの気と気がぶつかり合い（気争い）ながら自然に相中段となる。

そこで打太刀は「らちをあかす」ために、機を見て仕太刀の水月を「剛」の気で、表鎬ですり込むようにして突く。

これを仕太刀は「剛に対する柔」「石を真綿で包む心」で、表鎬を使って入れ突きに萎やすと同時に打太刀の胸部へ突き返す。

これに対して、打太刀は、仕太刀の刀を裏鎬を使って押さえ、剣先を仕太刀の喉につける。

仕太刀がさらに突きの気勢で位詰めに進んで来るのを、打太刀はさらにこれを表鎬を使って押さえる。

しかし、打太刀は仕太刀の気迫に押されて、これ以上もち堪えられずに構えを解きながらさがる。

仕太刀は位詰めに進んで打太刀に立ち直る隙を与えずに勝つ。

その後、仕太刀は剣先を打太刀の顔の中心につけて残心を示す。

《解説》

所　作	理合・留意点
①打太刀、仕太刀相下段で互いに右足から進み、間合に接したとき、互いに気争いで自然に相中段になる。	・下段の剣先の高さは、相手の膝頭より約三～六センチメートル下とする。 ★互いに強い気迫をもって、剣先で相手の手元を突き上げる。その結果、自然に相中段となる。
②そこで打太刀は機を見て、刃先を少し仕太刀の左に向け、右足から一歩踏み込みながら、鎬ですり込み、諸手で仕太刀の水月を突く。	★打太刀が仕太刀の水月を突く機は、「中段の構えが固まる直前」と解すのが妥当である。気争いて「らちがあかない」ので、「らちをあかす」ために、打太刀は「中段の構えが固まる直前」で仕太刀の水月を突くことになる。仮に、互いの中段の構えが固まり切ってしまっては、五分五分で対等の状況になって「らちがあかない」ことになる。 ・三本目・四本目の「少し」と七本目の「やや」は、表現の仕方が変わっただけで同じである。 ・水月とは鳩尾《みずおち》である。

③仕太刀は、左足から一歩大きく体をひきながら、打太刀の刀身を物打の鎬で軽く入れ突きに萎やすと同時に打太刀の胸部へ突き返す。

★突く時は最初から急所をねらう「堅い意志（石）」と「剛」の気で突く。

★左右の手の内を絞って、刃を右斜め下に向けながら表鎬ですり込むようにして突く。

・体を引かないで、手だけで引くときは、突き返すときの間合が正確でなくなるので、打太刀の進む程度に応じて引き方に十分注意すること。

★手だけで萎やしたり引いたりしないで、左足の退き足を大きくさげて、間合を調整しながら萎やす。

★一歩退きながら萎やすときは息を入れない。

★互いの刀の接点で力は拮抗している。

・入れ突きとは、相手の太刀を手元に引き込んですかさず突き返すことをいう。「入れ突きに萎やす」ということで指導する。

・仕太刀が打太刀の剣先を萎やす程度は、打太刀の剣先が外れるくらいにする。

・仕太刀が萎やすときは、刃先は右下を向き、突くときは真下を向く。
・萎やすとき、左拳が正中線から外れないようにする。
★萎やすときは打太刀の刀をことさら横に外さない。物打の表鎬を使って打太刀の刀を上からやや押さえ気味にしながら、手前に吸い込むような感じで打太刀の刀を萎やす。
・打太刀の突きを萎やして、仕太刀が入れ突きに返す場合は、打太刀の刀身と、仕太刀の萎やし入れ突きに返す刀身の縁が切れないようにする。
・右足を踏み出して（左足もともなう）突き返す。
★打太刀は最初から急所をねらう「堅い意志（石）」と「剛」の気で突いて来る。これに対して、仕太刀は「剛に対する柔」「石を真綿で包む心」（表面は柔らかいが内には秘めた強さをもっている）で入れ突きに萎やす。
★打太刀の突に対して、仕太刀は気いっぱいためて萎やし、打太刀の突技が尽きたところを突き返す。

④打太刀はこのとき右足を後ろにひくと同時に、剣先を仕太刀の下から返して、諸手をやや伸ばし、左自然体の構えとなり、

⑤剣先は仕太刀の咽喉部につけて仕太刀の刀を物打ちの鎬で右に押さえる。

⑥仕太刀は、さらに突きの気勢で左足を踏み出し、位詰めに進むので、

・右足の引き方には注意して正確に行う。

★退き足を大きくしないと手元が詰まってしまう。

★腰を鋭くさばく。

★剣先を返すときは必要以上に大きくまわして返さない。

★「左自然体の構え」とあるので、半身にはならない。

・刃先は、右斜め下に向ける。

・左拳は、正中線から外れない。

★物打の裏鎬で右に押さえる。

★打太刀の剣先は仕太刀の咽喉部についているので、打太刀は形を譲らない状態になっているが、気勢では仕太刀が勝っている。

★互いの刀の接点で力は拮抗している。

・位詰めとは充実した気位で相手を攻めることをいう。

・突きの気勢をもって、左足を踏み出し（二度突きはしない）気位で詰める。

★位詰めであって実際の突技ではない。

⑦打太刀は左足をひくと同時に、剣先を仕太刀の刀の下からまわして返し右自然体の構えになり、

⑧物打ちの鎬で押さえるが仕太刀の気位に押されて

⑨剣先を下げながら左足から後ろにひく。

★退き足を大きくしないと手元が詰まってしまう。
★腰を鋭くさばく。
★剣先を返すときは必要以上に大きくまわして返さない。
★「右自然体の構え」とあるので、半身にはならない。
・刃先は左斜め下に向ける。
・剣先は、咽喉部につける。
★物打の表鎬で左に押さえる。
★打太刀の剣先は仕太刀の咽喉部についているので、打太刀は形を譲らない状態になっているが、気勢では仕太刀が勝っている。
★互いの刀身の接点で力は拮抗している。
★このようにして、打太刀は右・左と押さえたが、仕太刀の突の気勢による位詰めに押されて、これ以上もち堪えられずに退く。
・左・右・左と三歩退る。
・剣先は仕太刀の体からややはずれる。

⑩仕太刀は、すかさず右足から二、三歩小足にやや早く位詰めに進み、剣先は胸部から次第に上げていって顔の中心につける。

⑪その後、打太刀は右足から、仕太刀は左足から相中段になりながら刀を抜き合わせた位置にもどり、剣先を下げて元の位置にかえる。

★後ろにさがりながら、剣先は徐々に外れていく。

・右・左・右と小足で三歩早く進む。

★打太刀に立ち直る隙を与えないように、鋭い気迫で剣先を胸部から突き上げるようにして位詰めで進む。

・打太刀は、仕太刀が十分に残心を示した後に剣先を上げ始める。

★打太刀が剣先を上げ始めると同時に、仕太刀は剣先を下げながら退く。

・仕太刀は、打太刀の始動により剣先を下げながら左足・右足と引き、さらに仕太刀が左足・右足・左足と引くので打太刀は右足・左足・右足と進め元にもどる。

《要点》

①打太刀が仕太刀の水月を突く機は、「中段の構えが固まる直前」と解すのが妥当であろう。気争いで「らちがあかない」ので、「らちをあかす」ために、打太刀は「中段の構えが固まる直前」に仕太刀の水月を突くことになる。仮に、互いの中段の構えが固まり切ったときには、五分五分で対

等の状況になって「らちがあかない」ことになる。
②突くときは最初から急所をねらう「堅い意志(石)」と「剛」の気で突く。
③打太刀が「堅い意志(石)」と「剛」の気で突いてくる突に対して、仕太刀は「剛に対する柔」「石を真綿で包む心」(表面は柔らかいが、内には秘めた強さを持っている)で、とりもちがくっついたようにして入れ突きに萎やす。
④打太刀の突きに対して、仕太刀は気いっぱいためて萎やし、打太刀の突技が尽きたところを突き返す。
⑤気の競り合ったところで、打太刀が突を突いてくる気迫と、これを萎やして間髪を容れずに突き返す仕太刀の微妙な手の内が要点となる。
⑥「打太刀が突いてきたのを、いったん萎やし、それから突き返す」(流れが止まるが正確になる)のと、「萎やしから突き返しへの動作までを一気に行う」(実際のお互いの流れに従う)のとでは、錬成の度合いによってその遣い方が違ってくる。
⑦仕太刀が突き返したのに対して、これを押さえる打太刀の剣先は仕太刀の咽喉部に付いていて、打太刀は形で譲らないが、気勢では仕太刀が勝っている。
⑧さらに、仕太刀は突きの気勢で位詰めに進むところを、打太刀はこれに備えようとする。しかし、

仕太刀は立ち直る隙を与えないまま、さらに突きの気勢で位詰めに進む。いわゆる切羽詰まった理合である。

⑨仕太刀が突きの気勢で位詰めに進むときは、突きの色があってはならない。あくまでも位詰めであって、気位で打太刀に付け込むようにする。

四本目

《理合》

打太刀は八相の構え、仕太刀は脇構えで互いに攻める。間合に入り、互いに機を見て大技で相手の正面を打つ。切り結んで相打ちとなる。

互いに鎬を削るように相中段となり、打太刀は機を見て仕太刀の胸部を突く。

これに対して、仕太刀は体を左に開きながら打太刀の突いてくる力を利用し、捲き返して正面を打って勝つ。

その後、十分に残心の気位を示す。

《解説》

所作	理合・留意点

①打太刀は八相の構え、仕太刀は脇構えで、
互いに左足から進み間合に接したとき、

②打太刀は機を見て八相の構えから、諸手左上段に、仕太刀もすかさず脇構えから諸手左上段に変化して、

③互いに右足を踏み出すと同時に、十分な気勢で相手の正面に打ち込み、切り結んで相打ちとなる。

★八相の構えと脇構えは、上段の構えをとる気分で変化する。

★中段の構えから変化する場合、技能の発達段階に応じて「大きく変化する」ことから「小さく変化する」ようになる。

・歩幅は、やや小さく三歩進む。これは、八相の構えと脇構えから、互いに諸手左上段に変化し、十分に右足を踏み出して大技で切り結ぶ遠間の面打ちを理解させるためである。

・諸手左上段に振りかぶる程度は、両腕の間から相手が見えるくらいとする。

・相手の正面に打ち込むときは、諸手を十分に伸ばす。

・四本目は大技を示したものであるから、大きく伸びるようにする。そのために、間合のとり方に特に注意しなければならない。

④相打ちとなってからは、双方同じ気位で互いの刀身が鎬を削るようにして、相中段となり、

・斜め打ちにならないよう、まっすぐに振りかぶって打ち下ろす。
・いったん上段をとってから打ち込むのではなく、振りかぶりと打ちとは、一拍子で行う。
・切り結ぶ位置はおおむね正面の高さとする。
★互いに五分五分の同等の気位である。
・相打ちになったとき、間合が近すぎる場合は打太刀が間合をとる。
★「互いの刀身が鎬を削るように」とあることから、気力とともに互いの表鎬の接点で力が拮抗することになる。互いの力が拮抗しているからこそして、次の局面の理合に発展していくことになる。
★互いに張り合うようにして力を弛めないで相中段になる。
★互いに五分五分で同等の気位である。

⑤打太刀は機を見て刃先を少し仕太刀の左に向け、右足を踏み出すと同時に（左足もともなって）打太刀の右肺を突く。

⑥仕太刀は、左足を前に、右足をその後ろに移すと同時に大きく巻き返して打太刀の正面を打つ。

★仕太刀の刀を殺すようにしながら、表鎬ですり込むようにして突く。

★なぜ右肺かということについては、刀身に反りがあるので結果的に右肺になるということである。また、中心を突くと怪我をすることにもなりかねない。

・仕太刀は打太刀の突くはなを巻き返すので、打太刀の上体は、やや前かがりとなる。そのときの剣先の高さは、水平よりやや低めとなり、刃先は右を向く。

★互いに張り合うようにして、力を弛めないで相中段になる。ここから打太刀がすり込むようにして突いてくる。仕太刀は、この力（打太刀の突く端）を捕えて（利用して）瞬間的に力を抜くように外して捲き返す。張り合って拮抗していた力が瞬間的に外されるので打太刀の体勢は崩れる。仕太刀はここを打つのである。

・左拳を頭上に上げると同時に、刃先を後ろにして巻き返す。

★息を入れないで一気に捲き返す。

⑦打太刀は左足から、仕太刀は右足から、十分に残心の気位を示しながら相中段になりつつ、抜き合わせた位置にもどり、剣先を下げて元の位置にかえる。

・斜め打ちにならないように、まっすぐに大きく振りかぶって打つ。

・いったん頭上で止めて打つのではなく、巻き返しと打ちとは、一拍子で行う。

★左足を左斜め前に出さないと打太刀の面に届かないので、間合と足さばきには十分注意する。

・二本目と同じように、形に表さないので、十分な気位を示す。

★面を打った後は二本目と同じように、打太刀がわずかでも動く気配があったら、ただちに打ち込む気迫が大切である。

★打太刀が退いたときに、仕太刀の剣先は自然に打太刀の顔の中心を通り、打太刀の正中線を制しながら抜き合わせた位置にもどる。

《要点》

①四本目は打太刀・仕太刀ともに位負けしないで相打ちの形となる。ここから「形を与えて実を取る」「形に負けて心で勝つ」ことを教えている。

②互いに張り合うようにし、拮抗している力を弛めないで相中段になる。さらに、ここからすり込むようにして打太刀が突く。仕太刀は、この力を(打太刀の突く端)を捕えて(利用して)瞬間的に力を抜くように外して捲き返して打つ。

③先人は捲き返す心持ちを、「風が吹いて枯葉が木の枝からパラリと落ちる」ような遣い方として教えている。

(註) 高野佐三郎先生の『剣道』に、四本目の説明として次のようにある。構えの特徴の説明や、相打ちとここから相中段になる流れ、捲き返しの内容が端的に表現されている。

『打太刀は八相、仕太刀は脇構えに構ふ。八相は先の気位に出でずして敵に譲るの構えなり。脇構えは金《こん》の構えともいひ懐中に黄金あり人に秘し時に応じて出し用ふる譬ふ機に臨み何物にも変化す。己れの意志を敵に秘し、敵の動静に応じて変化するの構えなり。本文の如く互いに間合に接するや機を見て双方より大きく敵の鼻筋をめがけて打ち相打ちとなり鎬を削るが如く剣を合せ次に踏み込みたるだけ左足より退き中段の構えとなる。打太刀仕太刀の剣を捲く如く押さえ胸部を突く。仕太刀は剣を捲かれ敵のつき来る力を利用し形に負け心に勝ち捲かれながら、剣を抜くと同時に左足を左に開き、右足を後ろに引きて面を打ち、後の先にて勝つ。残心を示す』

五本目

《理合》

打太刀は諸手左上段、仕太刀は中段の構えで互いに先の気位で攻める。間合に入り、打太刀は機を見て仕太刀の正面を打つ。

これに対して、仕太刀は体を後ろに退きながら、打太刀の正面打ちを表鎬ですり上げて打太刀の正面を打って勝つ。

その後、仕太刀は左上段にとって残心を示す。

さらに相中段となって、小さく三歩で中央にもどる。

《解説》

所　作	理合・留意点
①打太刀は諸手左上段、仕太刀は中段で、	・仕太刀の左拳(手元)は、やや前に移行して構え、剣先は打太刀の上段の左拳につける。 ・刃先は、下を向く。

②打太刀は左足から仕太刀は右足から、互いに進み、間合に接したとき、打太刀は機を見て右足を踏み出すと同時に諸手左上段から、仕太刀の正面を打つ。

③仕太刀は、左足から退くと同時に左鎬で打太刀の刀をすり上げ、

★仕太刀は剣先を打太刀の上段の左拳につけ、牽制しながら攻め進む。

・顎まで切り下げる心持ちで、打ち下ろす。

★頭上めがけて大技に顎まで打ち下ろすように打つ。「額をたたき割る」ような感じて打ち下ろすとよい。

★仕太刀のすり上げる刀をめがけて打たない。

・右足もともなう。

・すり上げは、両腕の間から相手の身体が見える程度に行う。なお、払い面にならないよう注意する。

・すり上げは、頭上まで十分引きつけて行う。このとき剣先が下がらないようにする。

★先々の先の技であることから、すり上げる機会を早く捕えなければならない。

★すり上げる機会が遅れると、顔前や胸部の位置ですり上げてしまい、すでに間合が詰まって正確な技が遣えなくなってしまう。

★すり上げる機会が遅れて、打太刀の剣先が仕太刀の鍔元にきてしまうと危険である。
★すり上げる機会を早く捕え、息を入れないで急強にすり上げて打つ。
★すり上げは体を後ろにさばきながらも、刀は十分前に突き上げるようにしてすり上げる。
★払い面にならないためにも、鎬をやや上に向けるようにしてすり上げる。
★物打ちの表鎬で「しゃくり上げる」ようにして鋭くすり上げる。
★「すり上げる」「打つ」という二つの動作を分断して遣うのではなく、面を打つための振り上げがすり上げとなり、この流れから面を打つという、一拍子の遣い方になることが大切である。
★すり上げられた接点で打太刀の刀は死に太刀となる。したがって、打太刀の手の内は弛み、刀が右下に落ちて、刃は左斜め下を向くのが自然である。

④右足を踏み出して正面を打ち、右足をひきながら諸手左上段に振りかぶって残心を示す。

⑤打太刀が剣先を中段につけ始めるので、同時に仕太刀も左足をひいて剣先を中段に下ろし、相中段になる。打太刀は左足から、仕太刀は右足から小足三歩で、刀を抜き合わせた位置にもどり、剣先を下げて元の位置にかえる。

・打太刀の刀はすり上げられた後、死に太刀となり、構えを解いた程度まで落ちる。

・左足もともなう。

・剣先を顔の中心につけながら、右足を引いて上段にとる。

★残心をとる際の流れは、打太刀に立ち直る隙を与えないように、右足を退きながら剣先を打太刀の顔の中心につけ、この流れから間合を切って諸手左上段に振りかぶり残心を示す。

《要点》

①仕太刀は剣先を打太刀の上段の左拳につけて、牽制しながら攻め進む。

②一本目は臍まで打ち下ろすが、五本目は顎まで打ち下ろす。「額をたたき割る」ような感じで打ち下ろすとよい。

③すり上げる機会を早く捕え、体を後ろにさばきながら刀を十分前に突き上げ、表鎬をやや上に向けるようにしてすり上げる。

④「すり上げる」「打つ」という二つの動作を分断して遣うのではなく、面を打つための振り上げがすり上げとなり、この流れから面を打つという、一拍子の遣い方になることが大切である。そのためには手首を柔らかく遣い、息を入れないで「しゃくり上げる」ように急強にすり上げて打つことである。

六本目

《理合》

打太刀は中段の構え、仕太刀は下段の構えで互いに先の気位で攻める。間合に入り、仕太刀は機を見て打太刀の両拳の中心を攻め上げる。

打太刀はこれを抑えようとして剣先をやや下げるが、なおも仕太刀の攻め上げが強く、これを抑え切れずに縁を切ろうとして左上段にとって凌ぐ。

この変化に対して、仕太刀はすかさず一歩攻め込む。打太刀はこの攻めに耐えかねて中段に下ろして相中段となる。

打太刀は、仕太刀のさらに攻めて来る気勢を感じ、苦しくなって止むを得ず出頭小手を打つようにして仕太刀の右小手を小技で打つ。

これに対して、仕太刀は裏鎬ですり上げて打太刀の右小手を打って勝つ。

その後、左上段にとって残心を示す。

《解説》

所　作	理合・留意点
①打太刀中段、仕太刀下段で互いに右足から進み、	・仕太刀が、下段になっても剣先は下げない。
②間合に接したとき、仕太刀は機を見て打太刀の両拳中心を攻める気勢で、中段に上げ始めるので、	**★打太刀の両拳の中心を剣先で突き上げるようにして攻め上げる。**
③同時に打太刀も、これに応ずる心持ちでやや剣先を下げて、仕太刀の刀と合おうとする瞬間、右足をひいて諸手左上段にふりかぶる。	・刃先を、右斜めにしない。 **★刃の向きは真下のままである。** ・仕太刀の気勢を、押さえることができないので上段に構える。 **★仕太刀は、打太刀が縁を切って上段をとらなければならない程の気迫で攻め上げる。**

④仕太刀はすかさず中段のまま大きく右足から（左足をともなって）一歩進む。

★仕太刀が打太刀の両拳の中心を突き上げるように攻め上げてくるのに対して、打太刀は心持ち剣先を下げてこれを抑えようとする。しかし、なおも仕太刀の攻め上げが強いので、打太刀はこれを抑えきれずに縁を切ろうとして上段にとって凌ぐ。

★打太刀が仕太刀の刀を抑えきれば、仕太刀の刀は上がらない。また、お互いに五分五分であれば相中段となる。仕太刀の気勢が強く、打太刀はこれを抑えきれないて上段にとって凌ぐ。したがって、仕太刀の「中段の構えが固まる直前」で打太刀が上段に変化する。

・進むとは、攻め進むことで、進んだとき、剣先を打太刀の上段の左拳につける。

★仕太刀の攻め上げに対して、打太刀は縁を切ろうとして上段にとって凌ごうとする。しかし、仕太刀は縁を切らずに「付け込む」ようにして、打太刀がさがるところを攻め進む。

⑤打太刀は直ちに左足をひいて中段となり、

⑥機を見て仕太刀の右小手を打つ。

★一歩攻め進む際は、打太刀がさがるのにつれて間合が切れないようにする。そうでないと次の技の理合につながらない。

★諸手左上段の左拳につける要領は五本目と同じである。

・打太刀は攻められるので直ちに中段となる。

・仕太刀も、これに応じて中段となる。

★打太刀は上段をとって凌ごうとしたものの、仕太刀がなおも攻め込んで来るので、この攻めに耐えかねて中段になる。

★仕太刀は、打太刀が上段から中段に下ろさなければならない程の気迫で攻め込む。

・打太刀は仕太刀からたえず攻められるので、やむを得ず小技で小手を打つ。

⑦仕太刀はその刀を、左足を左にひらくと同時に、小さく半円を描く心持ちで、右鎬ですり上げ、右足を踏み出し、打太刀の右小手を打つ。

★仕太刀がなおも攻め込んで来るので、この攻めに耐えかねて中段になったものの、打太刀は、仕太刀がさらに攻め込もうとする気勢を感じ、苦しくなって止むを得ず仕太刀の小手を打つ。

・小手打ちは小技の小手打ちである。

★なぜ、小手打ちは小技の小手打ちになるのかといえば、ここまでの一連の流れから、打太刀は出頭小手を打つような技の遣い方になるからである。

・すり上げ小手が、払い小手にならないように注意する。

★左足を左に開くと同時に、物打ちの裏鎬で小さくすり上げて打太刀の右小手を打つ。

★すり上げは、右手の手の内を内側に絞り、物打ちの裏鎬を使ってすり上げる。

・手の内を利かせて、小さく打つ。

★すり上げは右斜め上に弧を描くようにしてすり上げ、その弧の線をそのまま続けて打ち下ろす。刃は返さない。

⑧打太刀は剣先を下げて、左足から左斜め後ろに大きくひくので、仕太刀は左足を踏み出しながら、諸手左上段に振りかぶり残心を示す。

⑨打太刀・仕太刀ともに右足から相中段になりながら、刀を抜き合わせた位置にもどり剣先を下げて元の位置にかえる。

★すり上げられた後の打太刀の刀は死に太刀となる。したがって、手の内は弛み、剣先が左下に落ちて刃は右斜め下を向くことになる。

・このときの刃先は、右斜め下を向く。剣先はやや下段より低目の高さまで落とす。

・正対しないで、引く。

★打太刀は、仕太刀を引き込むように大きく退く。

★仕太刀は、打太刀の正中線を制しながら、剣先で鼻筋をめがけて突き刺すように攻め追い、左上段で残心を示す。

★打太刀が退くのが早いか、仕太刀が出るのが早いか、視認できないくらいに打太刀と仕太刀は縁を切らずに体をさばく。

★打太刀と仕太刀は、ともに右足から中段になりながら元の位置にもどる。

《要点》

①六本目は気の流れと変化、さらには、「後の先」の技の遣い方が妙味である。

②打太刀は、仕太刀が攻め上げてくるのを抑えきれずに、縁を切ろうとして凌ぐが、仕太刀は縁を切らずに「付け込む」ようにして攻め進む。さらに、仕太刀が強い気勢のまま攻め入って来ようとするので、打太刀はこの攻めに耐えかねて中段に下ろす。なおも仕太刀の攻め込もうとする気勢を感じ、打太刀は苦しくなって止むを得ず打って出る。仕太刀がこれに応じて勝つ。

③仕太刀のすり上げは、打太刀の小手打ちに対して左足を左に開くと同時に、右斜め上に弧を描くようにして物打の裏鎬ですり上げ、その弧の線をそのまま続けて打ち下ろす。手首の柔らかい遣い方と手の内が要点である。

④残心をとる際、打太刀が退くのに対して仕太刀は遅れてはいけない。小手を打った後、むしろ打太刀を後ろにさがらせるくらいの気迫があって、ちょうど打太刀が退くのに合うようになる。

⑤仕太刀は、打太刀の正中線を制しながら、剣先で鼻筋をめがけて突き刺すように攻め追い、左上段にとって残心を示す。

七本目

《理合》

相中段の構えで互いに先の気位で攻める。間合に入り、打太刀は機を見て仕太刀の胸部を諸手ですり込みながら気当たりで突く。

仕太刀はこれを支え、その後、相中段となる。

打太刀は捨て身で仕太刀の正面に打ち込む。

これに対して、仕太刀はすれ違いながら打太刀の右胴を打って勝つ。

右膝をついて脇構えにとり残心を示す。

ここから、互いに向き直って正対し相中段となる。

さらに、互いに縁が切れないようにして刀を抜き合わせた位置にもどる。

《解説》

所作	理合・留意点

①打太刀、仕太刀相中段で、互いに右足から進み、間合に接したとき、打太刀は機を見て、一歩踏み込み、刃先をやや仕太刀の左斜め下に向けて、鎬ですり込みながら、諸手で仕太刀の胸部を突く。

②仕太刀は、打太刀の進む程度に応じて、左足から体をひくと同時に、諸手を伸ばし、刃先を左斜め下に向け、物打の鎬で打太刀の刀を支える。

・打太刀は、気勢をこめて正しく突く。（気当たり）
・突きの気勢で諸手を伸ばす。そのときの気位は五分である。

★気当たりで鎬ですり込むようにして突く。

・双方の剣先はやや上がり、交差した物打ちの高さはおおむね肩の高さとなる。

★仕太刀は、打太刀の進む程度に応じて、正確に退き足を遣う。

★互いの気位は、五分五分の同等であることから、仕太刀は左足から体を退くものの、両手を伸ばして相突きの気持ちで打太刀の刀を支える。

★互いの物打の表鎬の接点で力が拮抗し、刀身の反りによって結果的に剣先が上がることになる。意図的に上げるのではない。

★刃の向きは打太刀が右斜め下、仕太刀は左斜め下を向いている。

③互いに相中段になり、

④打太刀は、左足を踏み出し、右足を踏み出すと同時に、体を捨てて諸手で仕太刀の正面に打ち込む。

・相中段になるとき、双方の気位は五分五分であることが大切である。

★相中段になる際には、打太刀が間合を調整する。

・左足を踏み出しながら振りかぶり、右足を踏み出して打ち込む。

★左・右と歩み足で、大きく直線的に踏み込んで正面に打ち込む。

・斜め前に出て打ち下ろさないように、まっすぐ前に出て打ち下ろす。

★大技で捨て身で打ち下ろす。

・捨て身で打ち込むので、体はやや大きく前傾する。

・打太刀の目付けは一時、仕太刀から離れるが、打ち終わって直ちに仕太刀に向ける。

⑤仕太刀は、右足を右前にひらき、左足を踏み出して体をすれ違いながら諸手で、打太刀の右胴を打ち、

⑥右足を踏み出し左足の右斜め前に軽く右膝をついて、爪先を立て左膝を立てる。

⑦諸手は十分に伸ばし、刀は手とほぼ平行に右斜め前にとり、刃先は右に向ける。

⑧その後、刀を返して脇構えに構えて、残心を示す。

・上体は移動しない。

★体勢を崩さない。

★すれ違いながら打太刀の右胴を打つ。いったん打ってからすれ違うのではない。

★打太刀の勢いや間合などに注意し、手を素早く返して物打で正しく右胴を打つ。

・すれ違いのとき、仕太刀の体は変化するが、目付けは相手から離さないようにする。

★足さばきは一直線上に進める。

★両膝の角度はおおむね九十度くらいにする。

★胴を打ったら刀を右斜め前に抜け放つ。この際、手は十分に伸ばす。

・すれ違いに胴を打ち終わってから、節度をつけて、残心に移る。

★胴を打った流れで刀を返して脇構えにとらない。

⑨打太刀は、上体を起こして、刀を大きく振りかぶりながら、右足を軸にして、左足を後ろにひいて、仕太刀に向き合って、剣先を中段につけ始めるので、

⑩同時に仕太刀も、その体勢から刀を大きく振りかぶりながら、右膝を軸にして左に向きを変えて、打太刀に向き合い、剣先を中段の程度につける。

⑪つづいて仕太刀が十分な気勢で立ち上がってくるので、打太刀は左足から後ろにひきながら、相中段になり、

★「胴を打つ」→「刀を抜き放つ」→「右膝を立てる」→「刀を返して脇構えにとる（残心）」という各局面の動作に節度をつけて行う。

・いったん、脇構えになってから振りかぶるのではなく、体を起こしながら振りかぶる。

★刀を右側から持っていかないで、大きく真上に振りかぶって中段になる。

・脇構えから大きく振りかぶりながら、右膝を軸にして、右足を右に移して打太刀に正対する。

★刀を右側から持っていかないで、大きく真上に振りかぶって中段になる。

・打太刀は、指導的な立場にあるので、打太刀は引き起こすような気持ちで、また、仕太刀は、それについて攻めるような気持ちで立ち上がる。

⑫さらに互いに縁が切れないようにして打太刀、仕太刀とも左足から、刀を抜き合わせた位置にもどる。

⑬七本目の場合は、いったん太刀の形が終わるので蹲踞して互いに刀を納めて立会の間合にかえり、立礼をして終わる。

⑭仕太刀は後ろさがりに小太刀の置いてある位置にもどり、下座側の膝をついて太刀を置く。小太刀を持ち、立ち上がって立会の間合に進む。打太刀は、仕太刀が立会の間合に進み始めた頃に合わせて立ち上がる。

・歩み足でもどる。

・第一歩は合わせるようにする。

★足さばきは浅くする。

・つづいて小太刀の形を行う場合、打太刀は、仕太刀が小太刀に取り換える間、蹲踞して待つ。

《要点》

①打太刀の「気当たりの突き」に対して、仕太刀は両手を伸ばして「相突き」の気持ちで打太刀の刀を支える。互いの物打の表鎬の接点で力が拮抗し、刀身の反りによって結果的に剣先が上がることになる。このときの刃の向きには十分注意する。

②すれ違いながら仕太刀が打太刀の右胴を打つ足さばきは、一直線上に「一歩（右）・二歩（左）・三歩（右）」と進める。

③「胴を打つ」→「刀を抜き放つ」→「右膝を立てる」→「刀を返して脇構えにとる（残心）」という各局面の動作は、節度をつけておこなう。

三、小太刀の形

一本目

《理合》

打太刀は左上段、仕太刀は中段半身の構えで互いに攻める。間合に入り、仕太刀が入身になって手元へ付け入ろうとするので、打太刀は仕太刀の正面を打つ。

これに対して、仕太刀はすかさず体を右斜め前に開きながら、打太刀の刀を表鎬で受け流して打太刀の正面を打って勝つ。

その後、仕太刀は体を後ろに退きながら上段にとって残心を示す。

相手を一つも許さず、跳び込んでただちに勝つ「真」の形である。

《解説》

所　作	理合・留意点
①打太刀は諸手左上段、仕太刀は中段半身の構えで、打太刀は左足から、仕太刀は右足から、互いに進み間合に接したとき、	・左肩を引いて半身となる。剣先はやや高く構える。(剣先は打太刀の顔の中心の高さにとり、刃先の方向は下とする) **★右手は十分に伸ばして、打太刀の左拳を攻める。** **★「天」という字の「乀」を書くような心持ちでわずかに手首を内側に絞る。** **★小太刀の刀身に自分の身体を入れて身を護るのが、小太刀を遣う場合の鉄則である。** ・三歩進む。
②仕太刀が入身になろうとするので、打太刀は右足を踏み出すと同時に、諸手左上段から、仕太刀の正面を打ち下ろす。	・入身とは、気勢が充実して、相手の手元にとび込んでゆく状態をいい、入身になろうとするので、ということから形に表さない。 **★急強に打ち下ろすと危険である。太刀の形よりも緩やかに打ち下ろすようにする。**

③仕太刀は、右足を右斜め前に、左足をその後ろに進めて、体を右にひらくと同時に右手を頭上に上げ、刃先を後ろにし、左鎬で受け流して打太刀の正面を打ち、

★打ち下ろしたときは、上体はやや前かがみになるが、目は仕太刀の目を注視する。

★開き足は、打太刀の打ち下ろす刀を身体半分かわす程度のさばきでよい。大きく開きすぎると目標を見失ってしまう。

・五指で強く握っていると、左鎬での受け流しが難しいので、手の内をゆるめる。（親指と人差し指で保持し、他の指はゆるめる）

★左肩の上、頭より高い位置で受け流すようにする。

★手首を柔らかく遣って表鎬で受け流す。受け留めるのではない。受け流さなければ、小太刀は打太刀の打ち下ろしてくる太刀の勢いと力に負けてしまう。

★打太刀が打ち下ろしてくる刀を、体をさばきつつ、手首をひねりながら天井に突き上げるような感じで、表鎬を使って下から上に迎えるようにして受け流す。

④左足から一歩ひいて上段をとって残心を示す。

⑤その後、いったんその場で相中段になってから、打太刀、仕太刀ともに、左足から刀を抜き合わせた位置にもどり、剣先を下げて元の位置にかえる。

★受け流すには拳を左にひねって、打太刀の打ち下ろしてくる刀を、小太刀の鍔元から切先へと鎬を使って受け流す。

★「抜け手」や「立ち手」にならないように手の内を極めて打つ。

・上段をとるとき、剣先を顔の中心につける必要はない。

・右拳は額の前上におき、剣先は約四十五度上方に向く。

・確実に正面を打ってから、大きく退って残心を示す。(反射的にとらない)

★正面を打って半呼吸おいてから、上段をとって残心を示す。

・小太刀の一本目だけその場で相中段になる。

・打太刀、仕太刀とも、原則として一歩でもどる。

・小太刀の構えの解き方は、左手を左腰から下ろし、剣先は相手の体からわずかに外す。

《要点》

①太刀を相手にして小太刀を遣う場合は、間合の見極めが要点である。小太刀にとって危険な間合を一挙に踏み越えて入身になれば、あとは小太刀が有利になる。

②小太刀は打太刀の懐に入るまでは不利である。したがって、自分の存在（目標物）をはっきりさせないために半身となる。

③半身の構えは左肩が見えないようにして、小太刀の刀身に自分の身体を入れて構える。

④小太刀の受け流し方は、打太刀が打ち下ろしてくる刀を、体をさばきつつ、拳を左にひねりながら、天井に突き上げるような感じで、表鎬を使って下から上に迎えるようにし、鍔元から切先へと受け流す。

二本目

《理合》

打太刀は下段、仕太刀は中段半身の構えで互いに攻める。間合に入り、打太刀は下段から刀を上げながら攻める。

仕太刀は打太刀の刀を制して入身になろうとするので、打太刀は退いて脇構えにとる。

この変化から、仕太刀がさらに入身になって攻め入ってくるので、打太刀は脇構えから振りかぶって仕太刀の正面を打つ。

これに対して、仕太刀は体を左斜め前に開きながら、打太刀の刀を裏鎬で受け流して打太刀の正面を打って勝つ。

その後、打太刀の右肘を制して、剣先を喉につけ残心を示す。

いったん相手を咎めて、その後に勝つ「行」の形である。

《解説》

所作	理合・留意点

①打太刀は下段、仕太刀は中段半身の構えで互いに右足から進み間合に接したとき、

②打太刀は、守る意味で下段から中段になろうとする瞬間、仕太刀は、打太刀の刀を制して入身になろうとするので、打太刀は、右足を後ろにひいて脇構えに開くのを、

・剣先は、やや低く構える。(剣先は打太刀の胸部の高さにとり、刃先を下にする)

★打太刀の刀を上から抑えるような気持ちで構え、刃は真下を向く。

★打太刀は気迫をこめて、剣先を下段から突き上げるようにして攻め上げる。

★打太刀が下段から剣先を上げ、中段になろうとするところを、仕太刀は打太刀の刀を制して入身になろうとする。打太刀の中段の構えが固まってしまえば打太刀が有利になってしまう。したがって、仕太刀は、打太刀の「中段の構えが固まる直前」に刀を制して入身になろうとするのである。

・制して入身になる刃先は、斜め右から下へと変化する。

・大きくとらないで、剣先をすばやく右斜めにして脇構えに構える。

③すかさず、仕太刀が、再び中段で入身になって攻めてくるので、

★仕太刀が入身になったのでは打太刀は不利になる。打太刀はこの状況を凌いて、縁を切ろうとして脇構えに変化する。

★仕太刀が打太刀の刀を制しているので、打太刀が脇構えに変化する際の刀の流れは、小太刀より上がることはない。

★脇構えに変化する際、右足を退いたら左足も右足にともなって退き、入身になろうとする仕太刀との間合を切りながら、体勢を調えて次の局面に備える。

★脇構えに変化する際、左足を引きつけなかったり、上体を後傾させたり、息を入れたりしたのでは死に体になってしまい、次の技につながらない。

・「制して入身になる刃先は、斜め右から下へと変化する」を受けて、右足から一歩進め（左足もともなう）、中段となり攻め込む。（剣先は咽喉の高さとする）

★仕太刀は打太刀の懐に付け入るようにして、剣先を喉につける。

④打太刀は脇構えから変化して諸手左上段に振りかぶり、右足を踏み出すと同時に仕太刀の正面に打ち込む。

⑤仕太刀は左足を左斜め前に、右足をその後ろに進めて、体を左にひらくと同時に、右手を頭上に上げ、刃先を後ろにし、右鎬で受け流して面を打ち、

⑥打太刀の二の腕を押さえて腕の自由を制すると同時に、

・上段に振りかぶる程度は、両腕の間から相手の体が見えるくらいにする。

★打太刀は脇構えに変化したものの、さらに仕太刀が懐に付け入ってくる。打太刀は、この状況を打開しようとして仕太刀の正面に打ち込む。

・脇構えから上段、打ち込みの動作は、一連のつながった動作として変化する。

・斜め打ちにならないように打ち込む。

★右拳で鼻をこすり上げるようにして刀を頭上に上げながら、手首を柔らかく遣って裏鎬で受け流す。

★肘が刀の線より外側に出ないように、右肘を身体の中心に掻い込むようにして受け流す。

★「抜け手」「立ち手」にならないように手の内を極めて打つ。

・関節よりやや上部を上から押さえて、腕の自由を制する。

⑦右拳を右腰にとり、刃先を右斜め下に向けて、剣先を咽喉部につけて残心を示す。

⑧その後、打太刀は左足から、仕太刀は右足から相中段になりながら刀を抜き合わせた位置にもどり、剣先を下げて元の位置にかえる。

★左肘をかるく伸ばし、打太刀を向うへ押しやるような感じで、上から押さえつけて制する。

・剣先の延長が咽喉部につく。

★堂々とした気位で残心をとる。

★打太刀に接近して乗り掛かるような残心ではなく、腰を据えて打太刀が退いても出て来ても、即座に対処できる間合をとって残心を示す。

★左手を離しても気分を緩めない。

★殊更に打太刀の刀を制しながらもどる必要はない。

《要点》

①仕太刀は剣先を利かせて、打太刀の刀を上から抑えるような気持ちで構える。

②間合に入り、仕太刀は打太刀の刀を抑えようとし、打太刀は仕太刀から抑えられまいとする。ここから変化が生ずる。打太刀が下段から剣先を上げ、中段になろうとするところに、仕太刀は打

太刀の刀を制して入身になろうとする。中段の構えが固まってしまえば打太刀が有利になってしまう。したがって、仕太刀は、打太刀の「中段の構えが固まる直前」に刀を制して入身になろうとする。

③仕太刀が入身になったのでは打太刀は不利になる。打太刀はこの状況を凌いで、間合を切ろうとして脇構えに変化する。

④打太刀は脇構えに変化したものの、さらに仕太刀が懐に付け込もうとするので、この状況を打開しようとして打太刀の正面に打ち込む。

⑤残心をとる際は、打太刀に接近して乗り掛かるような間合ではなく、腰を据えて打太刀が退いても出て来ても、即座に対処できる間合でなければならず、堂々とした気位で残心を示す。

三本目

《理合》

打太刀は中段、仕太刀は下段半身の構えで互いに攻める。間合に入り、仕太刀が入身になろうとするので、打太刀は仕太刀の正面を打つ。

これに対して、仕太刀は打太刀の刀をいったんすり上げてからすり落とす。

打太刀はすり落とされたところから仕太刀の右胴を打つ。

仕太刀はこれをすり流してすり込み、打太刀の刀を押さえ、二の腕を制して勝つ。

二・三歩進み残心を示す。

《解説》

相手の働きを十分尽くさせておいて、その後に勝つ「草」の形である。

所　作	理合・留意点
①打太刀は中段、仕太刀は下段半身の構えで	・仕太刀の下段に対して、打太刀の剣先は下げない。 ・左肩をひいて、半身となる。

②打太刀は立会の間合から、右足、左足と進み、次の右足を出すとき、仕太刀が入身になろうとするのを中段から諸手左上段に振りかぶって、仕太刀の正面に打ち下ろす。

③仕太刀は、その刀をいったんすり上げて打太刀の右斜めにすり落とす。

★仕太刀は捨て身となって、打太刀に正面を与える気分で十分に譲る。

★無構えの心境で構える。

★立会の間合から中段の構えて、一歩(右)・二歩(左)と進み、仕太刀が入身になろうとするのを認めたので、次の三歩目（右）て一気に刀を振りかぶり振り下ろして打つ。

★仕太刀の頭上をめがけて大技で顎まで打ち下ろす。打太刀はこのとき「ヤー」と声を掛ける。

・立会の間合から右足、左足と進み、つぎに右足を踏み出して、入身になろうとするところを正面に打ち下ろされるので、この刀をすり上げて、すり落とす。

・力の加減によって、右斜め後方にすり落とされることもあるが、一応右斜めということで表現する。

★いったんすり上げてすり落とすのであって、打太刀の刀を捲き落としたり、横に倒したりしない。

④打太刀は、直ちに左足を踏み出し、仕太刀の右胴を打つ。

⑤仕太刀は左足を左斜め前に踏み出し、体を右斜めにひらくと同時に、胴に打ってくる打太刀の刀を、左鎬ですり流し、

★表鎬をやや上に向けながらすり上げ、ここから手首を内側に絞るようにしてすり落とす。

★すり落とした後は手の内を緩める。

・仕太刀の剣先は打太刀の体からやや外れる。

★すり落とされた刀を反対側に大きく返して、大技で仕太刀の右胴を打つ。

★左足はやや左斜め前に踏み出す。

★右胴部を正確に打つ。

・手首を柔らかくして、右拳をすり落とした位置から横一文字に腹部の前を移行して（高く上がらぬように）右に運び、すり流す。

★左足を左斜め前に出すのと、小太刀を横一文字にしてすり流すのとは、右足を軸にして身体を回転させるとよい。

★打太刀は胴を打った剣先の力を弛めない。

⑥そのまま左鎬で打太刀の鍔元にすり込み、小太刀の刃部の「はばき」で打太刀の鍔元を押さえて、入身になり、打太刀の二の腕を押さえる。

⑦打太刀がひくので、仕太刀はそのまま攻めて、二・三歩進み右拳を右腰にとり、刃先を右斜め下に向けて、剣先を咽喉部につけ、残心を示す。

・手首を起こしながら、仕太刀の「はばき」が打太刀の「はばき」に直角になるようにすり込む。

★次第に刀を起こしていく。

・すり込み終わったとき、仕太刀の鍔元が、打太刀の鍔元と接するようにして押さえる。小太刀と太刀とは、おおむね十文字に交差させる。

・関節よりやや上部をやや横より押さえ、腕の自由を制する。

★左手の親指を内側から外側に回して捻るようにする。

★打太刀の刀は「はばき」で押さえられ、二の腕は捻じられているので、いわゆる「逆をとる」ことになる。

★打太刀は立ち直るために、さがって間合を切ろうとするが、仕太刀は立ち直る隙を与えずに、どこまでも攻める気迫でこれについて進む。

・打太刀は、左斜め後方に右足、左足、右足と引くので、仕太刀は左足、右足、左足と歩み足で三歩進む。

・剣先の延長が咽喉部につく。

⑧そのあと、打太刀は右足から、仕太刀は左足から相中段になりながら、刀を抜き合わせた位置にもどる。

⑨この場合、小太刀の形が終わるので、蹲踞して互いに刀を納めて、立会の間合にかえり立礼をして終わる。

★堂々とした気位で残心をとる。

★打太刀に接近して乗り掛かるような残心ではなく、腰を据えて打太刀が退いても出て来ても、即座に対処できるような間合をとって残心を示す。

★仕太刀は左足からもどる。

・立会の間合にかえったら、腰から刀を脱し右手に持ち、提げる。木刀の場合は、体の中央で左手から右手に移行し、両手を自然に提げ、立礼をする。

・腰から刀を脱する要領は、左手は鯉口近くにおくって、親指を鍔にかけて握り、刀をわずか右前に引き出しながら、右手は左手の内側におくる。右手の人差し指を鍔にかけて、残りの四指で鯉口近くを握る。左手を左帯におくり、右肘を伸ばして、刃が内側に向くよう脱刀する。

⑩打太刀は、座礼の方向を向き、まっすぐに座礼の位置に行く。仕太刀は、太刀の置いてある場所に後ろさがりに行き、下座の膝をついて太刀をあわせ持ち、(左手を用いてもよい)、次に立ち上がって座礼の位置に行く。両者向き合って同時に座り、座礼をして立ち、打太刀を前にして退場する。

《要点》

①仕太刀は「どこからでも来い」という捨て身の気持ちで、打太刀に正面を与える気分で十分に譲る。そして、無構えの心境で構える。

②三本目は初めから闘う意志は無く、相手の出方によって臨機応変に対処するという考え方である。高野佐三郎先生は『殺さぬように攻むるなり』と教えておられる。すなわち、相手の働きを十分に尽くさせておいて勝つことを教えている。結局「生け捕り」の形をとっている。

③打太刀の正面打ちに対して、いったんすり上げておいてすり落とす。ここから、打太刀の胴打ちに対して、すり流してすり込むという一連の遣い方が淀み無く流れることが大切である。このよ

うな遣い方ができてはじめて、相手を滞りなく生け捕ることができるのである。いわゆる「敵に従って勝つ」のである。

《註》「小太刀の形」の一本目～三本目の小太刀の遣い方は、いずれも、打太刀が打ち込んでくる太刀を、小太刀で受け止めるのではない。一本目と二本目の「受け流す」、三本目の「すり上げる」「すり落とす」「すり流す」「すり込む」という遣い方をしなければ、小太刀は、太刀の勢いと力に負けてしまう。

そこで、「受け流す」「すり上げる」「すり落とす」「すり流す」「すり込む」という小太刀の遣い方を確認・評価するために、打太刀(太刀)は刃引きを使用し、仕太刀(小太刀)が木刀を使用して「小太刀の形」を実施してみる。体さばきと上肢の遣い方、五指と手首の遣い方などを含めた小太刀の遣い方が悪ければ、小太刀の木刀の刃部や鎬に太刀の刃が食い込んで痕跡が残る。小太刀の遣い方が円滑であれば、小太刀の木刀の鎬に太刀との間にできる摩擦の痕跡が残る程度で済む。実際にやってみることによって痕跡の事実が確認でき、この事実に基づいて「小太刀の形」の修錬が充実したものとなってくる。

【小森園正雄先生　略年譜】

大正8年4月　鹿児島県生まれ　鹿児島一中（現鶴丸高）卒業
昭和16年12月　東京高等師範学校体育科第三部卒業
　鹿児島県・宮崎県高等学校教諭を歴任
昭和27年11月　大阪府立岸和田高等学校教諭（昭和38年3月まで）
昭和35年4月　大阪教育大学非常勤講師（昭和36年3月まで）
昭和38年4月　大阪市教育委員会指導主事
　大阪市立修道館指導係長
昭和39年4月　大阪体育大学非常勤講師（昭和40年3月まで）
昭和42年5月　剣道八段
昭和43年4月　大阪市立修道館長
昭和50年6月　大阪市立修道館長定年退職
昭和50年7月　大阪市教育委員会嘱託（昭和52年3月まで）
昭和51年5月　剣道範士
昭和52年4月　日本武道館武道学園教授（昭和59年3月まで）
昭和59年4月　国際武道大学武道学科主任教授
平成元年5月　剣道九段
平成2年3月　国際武道大学定年退職

平成7年6月11日　逝去　享年七六歳

この間

・大阪府学校剣道連盟の理事長・副会長、全日本学校剣道連盟副会長、全日本剣道連盟各種委員会の委員および審議員等を歴任。

・都道府県対抗、国体、東西対抗、七段選抜大会、明治村大会、範士八段選抜大会等の各種大会に出場。

・明治村大会・東西対抗の審判、全日本選手権大会・都道府県対抗・国体の審判長、世界大会の審判主任等を務める。

・世界大会の日本チーム強化コーチ・日本チーム監督、東西対抗東軍監督、中堅指導者講習会地方ブロック指導者講習会・青少年指導者講習会・試合審判規則中央研修会等において講師を務める。

・剣道幼少年指導要領（全日本剣道連盟）・少年剣道（旺文社）執筆、『剣道の中段の構えにおける体重配分について』論文発表（日本武道学会）、『指導者のためのコーチングビデオ　剣道基本と練習法』（ベースボール・マガジン社）制作。

あとがき

国際武道大学が開学する一年半ほど前の一九八二年十月、小森園先生から「勝浦に新しくできる国際武道大学で、僕と一緒に真っ白い画仙紙に思い切り剣道を描いてみないか」と言われた。この一言が本書のできるきっかけとなった。本書は、一九八二年十月から一九九〇年三月までの七年半にわたって、小森園先生が様々な場で口述されたことを筆録しておいたものに、整理の手を入れてまとめた本である。

一九九〇年三月、小森園先生が国際武道大学を定年退職されるにあたり、私から本書の草稿を差し出して、「これまで小森園先生が指導された内容をまとめてみました。たいへん貴重な内容だと思いますので、小森園先生の監修という形で、いずれ世に出してみてはどうでしょうか」と申し出た。この申し出に対して小森園先生は、「これまで出版した内容を中核にして、もう少し掘り下げた内容の本を考えていた。これ（草稿）は内容的にも掘り下げてある。ぜひそうしたらどうだ」ということであった。その後、整理と推敲を重ねてはいたものの、私が路草を喰っている間に、残念ながら小森園先生は亡くなられてしまった。

小森園先生の教育姿勢は厳しいものであった。しかし、厳しく教える言葉の一端一端に「愛」の響きのあったことが今でも鮮明に蘇ってくる。こうしたことの根底にあったのは、若い剣士の将来を願いながら、剣道のこの「道を伝える」という熱き想いの一心である。そして、理路整然と語られるなかで、ご自身が稽古を積み重ねて出された本質的なことを、直感とひらめきによって、ズバッ！　ズバッ！　と語られた。剣士諸兄にとって無形の財産となることであろう。

　また、国際武道大学の学生を前にした「五行の形」の授業では、いつも私に打太刀をやるように指示された。〈小森園先生が仕太刀で、なんでオレが打太刀なのか…？〉私が不可解な態度を示すと、「いいんだ、いいから打太刀をやりなさい」と言われた。いくら考えてもこの疑問は解けなかったが、あることがきっかけで、小森園先生の真意がようやく理解できることとなった。

　そして、「剣道は面一本。その答えは自分で出すものである」と常々言っておられた。こうした意味からも、僭越ながら、小森園先生が揮毫された『冷暖自知』という言葉を、そのまま表題に付けさせていただいた。典拠を次に掲載する。「いはゆる苦楽をわきまへ、冷暖を自知《じち》し、痛癢《つうよう》を了知す」（道元『正法眼蔵』即心是佛）、「證の得否《とくふ》は、修せんもの自《おの》ずから知《し》らんこと、用水の人の冷暖を自《みずか》らわきまふるがごとし」（同前「辯道話」）

　このたび、装いを新たに出版の機縁を与えていただいた、㈱体育とスポーツ出版社の月刊「剣道時代」編集部の各位に深く感謝いたします。

　本書を小森園正雄先生のご霊前に捧げます。

二〇〇四年九月一日　　大矢　稔

本書は、小社より刊行された『冷暖自知』を改題した新装版である。〔編集部〕

編著者紹介

大矢　稔（おおや・みのる）

昭和28年（1953）新潟県生まれ。剣道教士七段。東京教育大学卒業後、筑波大学大学院修了。筑波大学附属駒場中・高校教諭を経て、現在、国際武道大学教授。インターハイ、全日本学生優勝大会、全国教職員大会、全国都道府県選抜優勝大会に出場。全国地方青少年剣道錬成大会、全国地域社会剣道指導者研修会（日本武道館派遣）の講師、オーストラリア剣道選手権大会（全日本剣道連盟派遣）の講師、アジアゾーン審判講習会（全日本剣道連盟派遣）の審判員。全日本剣道連盟「試合・審判委員会」「称号・段位委員会」「普及委員会」幹事。主著に『日本史小百科』『近代武道の系譜』他、「日本剣道形の由来と解釈」を主題とした論文多数。

剣道《けんどう》は面一本《めんいっぽん》！―小森園正雄剣道口述録

検印省略　©2004　M.OYA

平成20年４月22日　改訂新版第2刷発行
令和５年12月22日　新装版第1刷発行

編著者　大矢《おおや》　稔《みのる》
発行人　手塚栄治
発行所　株式会社体育とスポーツ出版社
〒135-0016　東京都江東区東陽2－2－20 3F
TEL 03－6660－3131
FAX 03－6660－3132
振替口座　00100－7－25587
http://www.taiiku-sports.co.jp
印刷所　株式会社デジタルパブリッシングサービス

落丁・乱丁本はお取り替えいたします。

ISBN978-4-88458-446-7 C3075　定価はカバーに表示してあります。